Exercitia Latina

ラテン語練習プリント

河島思朗 監修

SHOGAKUKAN

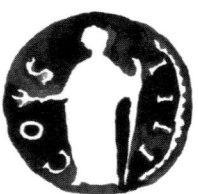

まえがき

　ラテン語は，かつて古代ローマで話されていた言語です．古代ローマでは高度な文明が花開き，英語やフランス語，ドイツ語などの西洋語は多くの語彙や表現をラテン語から取り入れてきました．ラテン語の知識があれば西洋語の理解がより深まります．実際，英語の語彙の多くがラテン語由来ですし，ラテン語そのままの表現が今でも使われます．

　このようにラテン語の学習はとても意義があるのですが，その一方でラテン語は文法が複雑で，学習が困難と思われてきました．ラテン語に習熟するためには名詞や動詞の変化をひたすら暗記する必要があるという趣旨のことがラテン語の学習書によく書かれています．

　しかし，複雑な語形変化を覚えるのはとても大変で，それが原因で挫折することが少なくありません．そこで，文法がきちんと身についていなくても学習が進められる教材があればラテン語を多くの人に知ってもらえるのでは，と思って私たちはこの本を編集しました．

　本書は，文法の暗記を前提としないで，ラテン語の基本を効率的に学ぶことを目指した学習書です．新出の単語はもちろん，既出の単語にも文法的注と意味がついているので，文法や語彙が定着していなくても学習が進められます．ラテン語例文には日本語訳と英語訳が添えてあり，ラテン語例文と英語訳を比べればラテン語の意味がうっすらとわかってきます．カナ発音がついているので，発音は一目瞭然です．ラテン語を訳したり，語形を変化させるような学習者にとって負担の多い練習問題は本書にはありません．文字が大きくて見やすいのも学習を容易にしてくれる要素の一つです．

　本書に取り上げられているラテン語例文はよく知られた名言・名句，英語でよく使われるラテン語表現，ラテン語訳聖書の一節，ラテン語歌曲の歌詞などです．これらの例文を書写することで，自然にラテン語の基礎が身につきます．

　本書の狙いが達成されているかどうかの判断は読者に委ねるしかありません．ぜひラテン語の豊かな世界を垣間見ていただければ幸いです．

2016年8月　小学館辞書編集部

ラテン語について

ラテン語は古代ローマで話されていた言語です．ではなぜ「ローマ語」と言わないのかというと，ラテン語の起源が当時ラティウム（Latium）と呼ばれていた，イタリアの中西部地方の地域だったからです．ラティウムは現在のラツィオ州に相当し，ローマがその中心地です．

中南米を植民地支配したスペインやポルトガルの言語はラテン語から来ています．それで中南米のことをラテンアメリカと呼んでいます．ラテン音楽とラテンダンスはラテンアメリカの音楽とダンスのことです．「ラテン系」とは中南米の人やイタリア人などのことを指す時に使われる表現ですが，イタリア語の先祖はラテン語です．フランス語もラテン語の子孫です．

ラテン語には次のような特徴があります．

1　綴りと発音の対応がほぼ一対一

これは学習者にはありがたい特徴です．a は「ア」または「アー」しか読み方がありません．c はいつも [k] の音で発音されますし，s は常に [s] の音を表します．例えば古代ローマの政治家 Caesar は英語読みではシーザーですが，ラテン語読みではカエサルとなります．

2　文中の機能が名詞や形容詞の語尾で表される

日本語では名詞の文中での役割を「は」「が」「を」「に」などの助詞で表しますが，ラテン語では名詞の語尾を変化させて文中での機能を示します．例えば男性名 Augustus（アウグストゥス）は実はすでに主語であることが -us という語尾で示されています．「アウグストゥスの」は Augusti（アウグスティー）と言い，「…の」は -i という語尾で表されています．「アウグストゥスを」は Augustum で，-um が「…を」にあたります．

3　文中の単語の位置が自由である

名詞の文中の役割が語尾で示されているので，単語は文のどの位置に来ることも可能です．例えば，主語は必ずしも文頭に来る必要はありません．また，動詞の目的語は動詞の前でも後でもかまいません．

4　動詞の語尾が人称，数，時制によって変化する

ラテン語は動詞の語尾を変化させて人称，数，時制を表示します．語尾を見ればその動詞の人称と数がわかるので，主語代名詞は必ずしも必要ありません．例えば amo（アモー）は一語で「私は愛する」という意味を表します．ego（エゴ）「私は」という代名詞はなくてかまいません．主語代名詞をつけると強調や対立の意味が出てきます．

5　冠詞がない

ラテン語には定冠詞も不定冠詞もありません．「一つの」を表す言葉はありますが，一つであることを明示する必要があるとき以外は用いません．

6　単語を並べただけで文になる

名詞と名詞，あるいは名詞と形容詞を並べただけで「…は…である」という文ができます．例えば Ars longa. という文は，ars が「学芸」，longa が「長い」という意味ですが，Ars longa. 全体で「学芸は長い」という意味になります．英語の is に相当する動詞はあってもなくてもかまいません．

略語表

男	男性名詞または男性形	複	複数形	対	対格
女	女性名詞または女性形	主	主格	奪	奪格
中	中性名詞または中性形	属	属格	呼	呼格
単	単数形	与	与格	形	形容詞

本書の使い方

文法解説を読み，変化表をさっと見たらラテン語例文と日本語訳・英語訳を比べてみてください．ラテン語の意味を詳しく知りたい場合は語注を見てください．ラテン語の意味がつかめたら，空欄にラテン語例文を書写します．母音字の上に載っている棒状の長母音記号は便宜上のものなので，書き写す必要はありません．

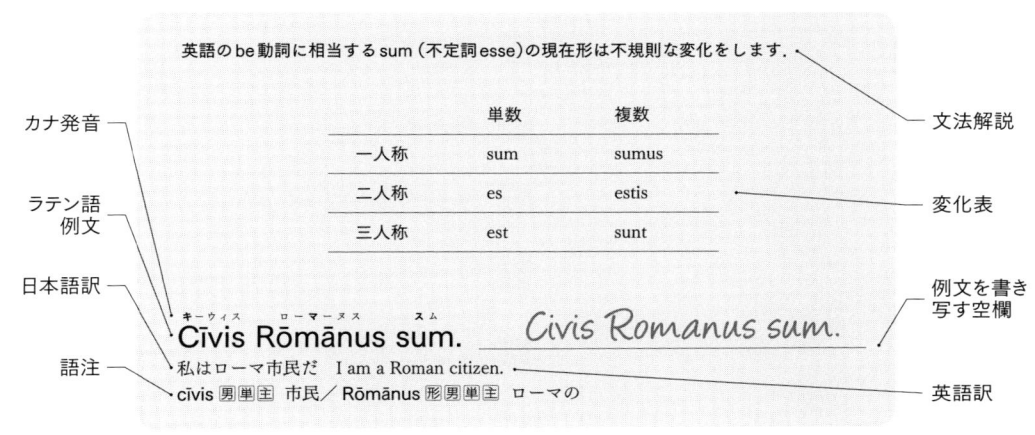

ラテン語のアクセント

ラテン語のアクセントの位置は次のような規則に従っています．なお，本書ではアクセントは太字のカナで表示しました．

1音節の語にもアクセントがあります．
　例　**ア**ルス ars（芸術，技術）

2音節の語には，後ろから2番目の音節にアクセントがあります．
　例　**パ**テル pater（父親）

3音節またはそれ以上の音節の語の，後ろから2番目の音節の母音が短母音のとき，後ろから3番目の音節にアクセントがあります．
　例　**フェ**ーミナ fēmina（女）

3音節またはそれ以上の音節の語の，後ろから2番目の音節の母音が長母音あるいは二重母音のとき，または後ろから2番目の音節が子音で終わるとき，後ろから2番目の音節にアクセントがあります．
　例　ナー**トゥ**ーラ nātūra（自然）　アウ**グ**ストゥス Augustus（人名）

《所有》形 所有形容詞	代 代名詞	《強調》代 強調代名詞	一 一人称
副 副詞	《人称》代 人称代名詞	《疑問》代 疑問代名詞	二 二人称
《疑問》副 疑問副詞	《関係》代 関係代名詞	接 接続詞	三 三人称
前 前置詞	《指示》代 指示代名詞	間 間投詞	《不変》変化せず

5

CONTENTS

まえがき　3
ラテン語について　4
本書の使い方　5

1　ラテン語の文字と発音……8
2　母音……9
3　子音……12
4　名詞の性……16
5　名詞の変化1　vīta……18
6　名詞の変化2　dominus……20
7　名詞の変化3　verbum……22
8　名詞の変化4　ignis, urbs, mare……23
9　名詞の変化5　homō, lex, nōmen……24
10　形容詞の変化1　bonus……25
11　形容詞の変化2　omnis……26
12　形容詞の変化3　fēlix……27
13　動詞変化　現在1　amō……28
14　動詞変化　現在2　habeō……29
15　動詞変化　現在3　crēdō……30
16　動詞変化　現在4　faciō……31
17　動詞変化　現在5　veniō……32
18　不規則動詞1　sum……33
19　不規則動詞2　possum, volō……34

20	不規則動詞3　dō, ferō, fīō……35	39	現在分詞……70
21	人称代名詞……36	40	接続法現在……72
22	指示代名詞1　is, ea, id……38	41	受動態現在……74
23	指示代名詞2　hic……39	42	受動態未完了過去……76
24	指示代名詞3　iste……40	43	受動態未来……77
25	指示代名詞4　ille……41	44	受動態完了……78
26	所有形容詞……42	45	形式受動態動詞……80
27	再帰代名詞……45	46	賢者たちの言葉……82
28	前置詞……46	47	愛の言葉……86
29	命令法……54	48	旧約聖書の言葉……88
30	完了……56	49	新約聖書の言葉……90
31	未完了過去……58	50	「アヴェ・マリア」を読む……92
32	未来……60	51	「レクイエム」を読む……94
33	比較級と最上級……62	52	ミサ曲「グローリア」を読む……96
34	疑問代名詞……64	53	「マグニフィカト」を読む……100
35	疑問副詞……65	54	中世の学生歌「ガウデアームス」を読む……104
36	関係代名詞……66		
37	動名詞……68		
38	動形容詞……69		

索引　108

1　ラテン語の文字と発音

ラテン語の文字は英語などのアルファベットと同じです．ただし，J，U，Wの3文字は中世になってから作られたもので，古代ローマにはありませんでした．現在ラテン語を綴るときJとUは使われますが，Wは使われません．古代ローマには大文字しかなく，小文字は中世ヨーロッパで考案されました．

	Aa	Bb	Cc
名称	ā アー	bē ベー	kē ケー
表す音	a, ā ア, アー	b ブ	k ク

Dd	Ee	Ff	Gg
dē デー	ē エー	ef エフ	gē ゲー
d ドゥ	e, ē エ, エー	f フ	g グ

Hh	I(J) i(j)	Kk	Ll
hā ハー	ī イー	kā カー	el エル
h ハ	i, ī; j イ, イー	k ク	l ル

Mm	Nn	Oo	Pp
em エム	en エヌ	ō オー	pē ペー
m ム	n ヌ	o, ō オ, オー	p プ

Qq	Rr	Ss	Tt
kū クー	er エル	es エス	tē テー
kw クゥ	r (巻き舌の) ル	s ス	t トゥ

V(U) v(u)	Xx	Yy	Zz
ū ウー	iks イクス	y ユー	zēta ゼータ
u, ū; w ウ, ウー	ks クス	y, ȳ ユ, ユー	z ズ

2 　母　音

ラテン語にはa, e, i, o, u, yの6つの母音字があります．yは主にギリシャ語から来た単語に用いられます．ラテン語の母音には長母音と短母音があり，一つの母音字が一つの長母音あるいは一つの短母音を表します．母音の長短は綴り字では表されず，綴りを見ても母音が長いのか短いのかはわかりません．そこで，辞書や教科書などでは長母音には長音符をつけて ā（アー）のように表記します．短母音には原則として記号をつけませんが，短母音であることを明確に示す必要がある場合には短音符をつけて ă（ア）のように表記します．本書では，長音符のみ用い，短音符は用いません．自分でラテン語を書く時には長音符や短音符をつける必要はありません．

単　母　音

a ア，ā アー

ars
アルス
芸術, 技術 art

crās
クラース
明日 tomorrow

e エ，ē エー

mel
メル
蜜 honey

pēs
ペース
足 foot

i イ，ī イー

apis
アピス
蜜蜂 bee

īra
イーラ
怒り anger

o オ，ō オー

os
オス
骨 bone

flōs
フロース
花 flower

u ウ，ū ウー

umbra
ウンブラ
影, 陰 shadow, shade

rūs
ルース
田舎 country

y ユ, ȳ ユー

symposium _____
スュンポスィウム
饗宴　banquet

Dionȳsius _____
ディオニュースィウス
ディオニュシウス（人名）　Dionysius

二 重 母 音

ae アエ

Graecia _____
グラエキア
ギリシャ　Greece

aestās _____
アエスタース
夏　summer

au アウ

Augustus _____
アウグストゥス
アウグストゥス（人名）

causa _____
カウサ
原因　cause

ei エイ

deinde _____
デインデ
それから　afterward

eu エウ

Eurōpa _____
エウローパ
エウローパ（人名）

eurus _____
エウルス
東風　east wind

oe オエ

poena _____
ポエナ
罰　punishment

oboediens _____
オボエディエンス
従順な　obedient

IとJ

古代ローマにはJの文字はなく，Iが母音の「イ」と「ヤ，ユ，ヨ」の半母音を表していました．中世になるとJが作られ，「ヤ，ユ，ヨ」の半母音はJで表されるようになりました．なお，ラテン語には「ジャ，ジュ，ジョ」の音はありません．今日のラテン語の綴りとしては半母音にはIとJのどちらを用いてもかまいません．本書ではJで半母音を表記します．

ヨクス
jocus
冗談　joke

ユスティティア
justitia
正義　justice

VとU

古代ローマにはUの文字はなく，Vが母音の「ウ」と「ウァ，ウィ，ウゥ，ウェ，ウォ」の半母音を表していました．中世になるとUとVが区別され，Uが母音を，Vが半母音をそれぞれ表すようになりました．なお，ラテン語には「ヴ」の音はありません．今日のラテン語の綴りとしては母音の「ウ」を表すのにはVとUのどちらを用いてもかまいません．本書ではUで母音を表記します．

ウェヌス
Venus
ヴィーナス（愛の女神）　Venus

ウェルギリウス
Vergilius
ウェルギリウス（人名）　Virgil

Kで綴られる語

Kはごく稀にしか用いられません．

カレンダエ
Kalendae
月の第一日　the first day of the month

キュリエ
Kyrie
主よ　Lord

母音＋j＋母音

母音にはさまれたjは[ij]と発音されます．

マイヨル
major
より大きい　greater

ペイヨル
pejor
より悪い　worse

3 子音

ラテン語の子音字はそれぞれ一つの子音を表します．

p [p]

パレンテース
parentēs
両親 parents

ポンス
pons
橋 bridge

b [b]

バルバ
barba
ひげ beard

ボース
bōs
牛 ox, cow

t [t]

テンプルム
templum
神殿 temple

ティモル
timor
恐れ fear

d [d]

デンス
dens
歯 tooth

ウンダ
unda
波 wave

c [k]

カエサル
Caesar
カエサル（人名） Caesar

キケロー
Cicerō
キケロ（人名） Cicero

g [g]

ゲルマーニア
Germānia
ゲルマニア（地域名） Germania

マギステル
magister
かしら，教師 master, teacher

s [s]

サピエンティア
sapientia
知恵 wisdom

ロサ
rosa
バラ rose

z [z]

zōna ゾーナ
帯 belt

Zēnōn ゼーノーン
ゼノン（人名） Zeno

f [f]

familia ファミリア
家族 family

futūrum フトゥールム
未来 future

h [h]

hōra ホーラ
1時間 hour

hortus ホルトゥス
庭 garden

m [m]

mare マレ
海 sea

mons モンス
山 mountain

n [n]

nāvis ナーウィス
船 ship

nāsus ナースス
鼻 nose

l [l]

lacrima ラクリマ
涙 tear

locus ロクス
場所 place

r [r] 巻き舌のr

Rōma ローマ
ローマ Rome

color コロル
色 color

x [ks]

nox ノクス
夜 night

uxor ウクソル
妻 wife

ph, th, ch は「プフ」「トフ」「クフ」というような音を表しますが，カタカナで表記する場合は「プ」「トゥ」「ク」と書いてかまいません．

ph

ピ ロ ソ ピ ア
philosophia _____
哲学　philosophy

ト リ ウ ン プ ス
triumphus _____
凱旋　triumph

th

テ アー ト ル ム
theātrum _____
劇場　theater

テ ル マ エ
thermae _____
温浴場　hot baths

ch

ク リ ス トゥ ス
Christus _____
キリスト　Christ

キー ルー ル ギ ア
chīrūrgia _____
外科医術　surgery

qu [kw]

ア ク ァ
aqua _____
水　water

エ ク ゥ ス
equus _____
馬　horse

ngu [ngw]

リ ン グ ァ
lingua _____
舌，言語　tongue, language

サ ン グ ウィ ス
sanguis _____
血　blood

bs [ps]

ウ ル プ ス
urbs _____
都市　city

ア プ セ ン ス
absens _____
不在の　absent

bt [pt]

オ プ ティ ネ オー
obtineō _____
維持する　hold

ス プ ティー リ ス
subtīlis _____
薄い，細い　fine

二 重 子 音

子音が二つ続く場合,「ッ」の音で発音します．ただし，mm と nn は「ン」で発音します．

オッピドゥム
oppidum _____
町 town

サッバトゥム
sabbatum _____
安息日 Sabbath

リッテラ
littera _____
文字 letter of the alphabet

アッドー
addō _____
加える add

ペッカートゥム
peccātum _____
過ち, 罪 error, sin

アッグラウォー
aggravō _____
悪化させる aggravate

ポッスィビリス
possibilis _____
可能な possible

ディッフィキリス
difficilis _____
難しい difficult

トゥッリス
turris _____
塔 tower

ミッレ
mille _____
千 thousand

フランマ
flamma _____
炎 flame

アンヌス
annus _____
年 year

グラックス
Gracchus _____
グラックス（人名） Gracchus

4 名詞の性

ラテン語の名詞には男性，女性，中性の３つの性があります．

男性名詞

-usで終わる名詞の多くは男性名詞です．また，-aで終わる名詞のいくつかも男性名詞です．その他の語尾で終わる男性名詞もあります．

amīcus (アミークス)
男 (男性の)友達 friend

medicus (メディクス)
男 医師 doctor

fīlius (フィーリウス)
男 息子 son

discipulus (ディスキプルス)
男 生徒，弟子 pupil, disciple

oculus (オクルス)
男 目 eye

digitus (ディギトゥス)
男 指 finger

pater (パテル)
男 父親 father

puer (プエル)
男 少年 boy

vir (ウィル)
男 男 man

poēta (ポエータ)
男 詩人 poet

sōl (ソール)
男 太陽 sun

pānis (パーニス)
男 パン bread

女性名詞

-aで終わる名詞の多くは女性名詞です．その他の語尾で終わる女性名詞もあります．

amīca (アミーカ)
女 女友達 female friend

fēmina (フェーミナ)
女 女 woman

フィーリア
fīlia _____
女 娘 daughter

プエッラ
puella _____
女 少女 girl

レーギーナ
rēgīna _____
女 女王 queen

デア
dea _____
女 女神 goddess

マーテル
māter _____
女 母 mother

ムリエル
mulier _____
女 女 woman

スィルウァ
silva _____
女 森 wood

ルーナ
lūna _____
女 (天体)月 moon

モルス
mors _____
女 死 death

ヌーベース
nūbēs _____
女 雲 cloud

中 性 名 詞

-um で終わる名詞は中性名詞です．その他の語尾で終わる中性名詞もあります．

オーウム
ōvum _____
中 卵 egg

ドーヌム
dōnum _____
中 贈り物 gift

ストゥディウム
studium _____
中 勉強, 学問 study

フォリウム
folium _____
中 葉 leaf

コルプス
corpus _____
中 身体 body

テンプス
tempus _____
中 時間 time

カプト
caput _____
中 頭 head

コル
cor _____
中 心, 心臓 heart

ノーメン
nōmen _____
中 名前 name

ラク
lac _____
中 乳 milk

5　名詞の変化1　vīta

ラテン語の名詞は数と格によって変化します．格とは文中での名詞の役割を示す標識のことを言います．

主格　主語を示す（「…は」，「…が」に相当）．
属格　所属を示す（「…の」に相当）．
与格　間接目的語を示す（「…に」「…のために」「…にとって」に相当）．
対格　直接目的語を示す（「…を」に相当）．また前置詞と結びついて様々な意味を表す．
奪格　「…から」「…において」「…によって」などを表す．また前置詞と結びついて様々な意味を表す．
呼格　「…よ」という呼びかけを表す．ほとんどの場合は主格と同じ．

vīta 女（生命，人生）のように -a で終わる名詞の変化は次の通りです．

	単数	複数
主格	vīta	vītae
属格	vītae	vītārum
与格	vītae	vītīs
対格	vītam	vītās
奪格	vītā	vītīs
呼格	vīta	vītae

Dum vīta est, spēs est.
ドゥム　ウィータ　エスト　スペース　エスト

命がある限り，希望がある　While there is life, there is hope.
dum 接 …である限り／est 存在する／spēs 女単主 希望

aqua vītae
アクァ　ウィータエ

生命の水（アルコールや強い酒のこと）　water of life　　aqua 女単主 水

curriculum vītae
クッリクルム　ウィータエ

履歴書　course of life
curriculum 中単主 人生行路

taedium vītae
生の倦怠　weariness of life　　taedium 中単主 退屈，倦怠

Philosophiae Doctor
学術博士　Doctor of Philosophy
philosophiae 女単属⇒philosophia 哲学／doctor 男単主 博士

pater historiae
歴史の父（ギリシャの歴史家ヘロドトスのこと）　the father of history
pater 男単主 父親／historiae 女単属⇒historia 歴史

lapsus linguae
言い間違い　a slip of the tongue
lapsus 男単主 滑ること／linguae 女単属⇒lingua 舌

Nōn scholae sed vītae discimus.

私たちは学校のためではなく，人生のために学ぶのである（セネカ）
We do not learn for school, but for life.
nōn 副 …でなく／scholae 女単与⇒schola 学校／sed 接 しかし／
discimus 私たちは学ぶ

Vītam regit fortūna, nōn sapientia.

人生を支配するのは知恵ではなく運命である（キケロ）
Fortune, not wisdom, rules lives.
regit 支配する／fortūna 女単主 運命／sapientia 女単主 知恵

honōris causā
（特に学位が）名誉のための　for the sake of honor
honōris 男単属 ⇒ honor 名誉／causā 女単奪 ⇒ causa 目的／causā＋属格 …のための

6 名詞の変化 2　dominus

dominus 男（主人）のように -us で終わる名詞の変化は次の通りです．単数の呼格の語尾が -e になります．

	単数	複数
主格	dominus	dominī
属格	dominī	dominōrum
与格	dominō	dominīs
対格	dominum	dominōs
奪格	dominō	dominīs
呼格	domine	dominī

Dominus vōbīscum.
ドミヌス　ウォービースクム
主があなた方とともにいらっしゃるように　The Lord be with you.
vōbīscum　あなた方と一緒に

Deus cāritās est.
デウス　カーリタース　エスト
神は愛である（新約聖書「ヨハネの手紙 一」4:16）　God is love.
Deus 男単主 神／ cāritās 女単主 愛／ est … である

Annō Dominī
アンノー　ドミニー
西暦…年に　in the year of our Lord
annō 男単奪 ⇒ annus 年

Agnus Deī
アグヌス　ディー
神の子羊（イエス・キリストのこと）　the Lamb of God
agnus 男単主 子羊／ Deī 男単属 ⇒ Deus 神

Vox populī, vox Deī.
ウォクス　ポプリー　ウォクス　ディー
人々の声は神の声　The voice of the people is the voice of God.
vox 女単主 声／ populī 男単属 ⇒ populus 人々

Deī grātiā
ディー グラーティアー

神の恵みによって　by the grace of God
grātiā 女単奪⇒grātia 恵み

genius locī
ゲニウス ロキー

土地の守護霊　the protective spirit of a place
genius 男単主　守護霊／locī 男単属⇒locus　場所

advocātus diabolī
アドウォカートゥス ディアボリー

悪魔の代弁者（あえて異論を唱える人）　the devil's advocate
advocātus 男単主　代弁者／diabolī 男単属⇒diabolus 悪魔

Cantāte Dominō canticum novum.
カンターテ ドミノー カンティクム ノウム

主に向かって新しい歌を歌え（旧約聖書「詩編」149:1）
Sing to the Lord a new song.
cantāte 歌いなさい／canticum novum 新しい歌を

Deō grātiās
デオー グラーティアース

神に感謝を，おかげさまで　thanks be to God
Deō 男単与⇒Deus 神／grātiās 女複対⇒grātia 感謝

Laudāte Dominum.
ラウダーテ ドミヌム

主を賛美せよ　Praise the Lord.
laudāte 賛美しなさい

Tē Deum laudāmus.
テー デウム ラウダームス

私たちは神であるあなたを賛美する　We praise you, O God.
tē あなたを／Deum 単主対⇒Deus 神／laudāmus 私たちは賛美する

Domine, Domine.
ドミネ ドミネ

主よ，主よ　Lord, Lord.

7　名詞の変化3　verbum

verbum 中 (言葉)のように -um で終わる名詞の変化は次の通りです．

	単数	複数
主(呼)格	verbum	verba
属格	verbī	verbōrum
与格	verbō	verbīs
対格	verbum	verba
奪格	verbō	verbīs

Facta, nōn verba.
ファクタ　ノーン　ウェルバ

言葉でなく事実　Deeds, not words.
facta 中複主 ⇒ factum 事実

Nōn multa, sed multum.
ノーン　ムルタ　セド　ムルトゥム

量より質（プリニウス）　Not many things, but much.
multa 中複対 ⇒ multa 多くの事柄／ multum 副 大いに，非常に

exemplī grātiā
エクセンプリー　グラーティアー

例えば　for the sake of an example
exemplī 中単属 ⇒ exemplum 例／ grātiā 女単奪 ⇒ grātia 親切，世話／ grātiā ＋属格…のために

cāsus bellī
カーススス　ベッリー

開戦事由（宣戦布告のもととなる事件）　occasion of war
cāsus 男単主 出来事，機会／ bellī 中単属 ⇒ bellum 戦争

Repetitiō est māter studiōrum.
レペティティオー　エスト　マーテル　ストゥディオールム

繰り返しは学習の母　Repeating is the mother of learning.
repetitiō 女単主 繰り返し／ māter 女単主 母／ studiōrum 中複属 ⇒ studium 勉強

8　名詞の変化4　ignis, urbs, mare

ignis 男（火），urbs 女（都市），mare 中（海）などの名詞は主格と属格が同じ形または似た形をしています．これらの名詞は次のように変化します．

	単数	複数	単数	複数	単数	複数
主	ignis	ignēs	urbs	urbēs	mare	maria
属	ignis	ignium	urbis	urbium	maris	marium
与	ignī	ignibus	urbī	urbibus	marī	maribus
対	ignem	ignēs(-īs)	urbem	urbēs	mare	maria
奪	igne(-ī)	ignibus	urbe	urbibus	marī	maribus

ignem gladiō scrutāre
イグネム　グラディオー　スクルターレ

剣で火を突く（火に油を注ぐ）　to stir the fire with the sword
gladiō 男単奪⇒gladius 剣／scrutāre かき混ぜる

urbī et orbī
ウルビー　エト　オルビー

都（ローマ）と全世界に（ローマ教皇が世界に向けて行う祝福の言葉）
to the city (of Rome) and the world
orbī 男単与⇒orbis 全世界

stella maris
ステッラ　マリス

海の星（聖母マリアのこと）　Star of the Sea
stella 女単主 星

pānem et circensēs
パーネム　エト　キルケンセース

パンと見世物（「民衆はパンと見世物という二つのものだけを熱心に求める」というユウェナリスの風刺詩から）　bread and circuses
pānem 男単対⇒pānis パン／circensēs 男複対⇒circensēs 闘技場で行われた各種見世物

ovem lupō committere
オウェム　ルポー　コンミッテレ

狼に羊の番をさせる　to set a fox to keep the geese
ovem 女単対⇒ovis 羊／lupō 男単与⇒lupus 狼／committere 委ねる

9 名詞の変化5　homō, lex, nōmen

homō 男（人），lex 女（法律），nōmen 中（名前）などの名詞は主格と属格が異なった形をしています．これらの名詞は次のように変化します．

	単数	複数	単数	複数	単数	複数
主	homō	hominēs	lex	lēgēs	nōmen	nōmina
属	hominis	hominum	lēgis	lēgum	nōminis	nōminum
与	hominī	hominibus	lēgī	lēgibus	nōminī	nōminibus
対	hominem	hominēs	lēgem	lēgēs	nōmen	nōmina
奪	homine	hominibus	lēge	lēgibus	nōmine	nōminibus

Homō hominī lupus.
ホモー　ホミニー　ルプス

人は人に対して狼である（プラウトゥス）　Man is a wolf to a man.
lupus 男単主 狼

Fīlius hominis
フィーリウス　ホミニス

人の子（福音書でイエスのこと）　the Son of Man
fīlius 男単主 息子

Iēsūs Hominum Salvātor
イェースース　ホミヌム　サルウァートル

人類の救い主イエス（IHSと略記される）　Jesus Savior of Men
Iēsūs 主 イエス（＝Jēsūs）／salvātor 男単主 救済者

Ignōrantia lēgis nēminem excūsat.
イグノーランティア　レーギス　ネーミネム　エクスクーサト

法の無知は誰も許さない（法を知らないことは言い訳にならない）
Ignorance of the law excuses no one.
ignōrantia 女単主 無知／nēminem 男単対⇒nēmō 誰も…ない／excūsat 許す

vir nōmine Jōsēph
ウィル　ノーミネ　ヨーセープ

ヨセフという名前の男　a man named Joseph
vir 男単主 男／Jōsēph ヨセフ（人名）

10　形容詞の変化 1　　bonus

ラテン語の形容詞は修飾する名詞や代名詞の性，数，格に応じて変化します．bonus（よい）のように男性形が -us で終わる形容詞は次のように変化します．

		男性	女性	中性		男性	女性	中性
主	単数	bonus	bona	bonum	複数	bonī	bonae	bona
属		bonī	bonae	bonī		bonōrum	bonārum	bonōrum
与		bonō	bonae	bonō		bonīs	bonīs	bonīs
対		bonum	bonam	bonum		bonōs	bonās	bona
奪		bonō	bonā	bonō		bonīs	bonīs	bonīs
呼		bone	bona	bonum		bonī	bonae	bona

pastor bonus
（パストル　ボヌス）
よい羊飼い　a good shepard　　pastor 男単主 羊飼い

arbor bona
（アルボル　ボナ）
よい木　a good tree　　arbor 女単主 木

bonum vīnum
（ボヌム　ウィーヌム）
よいワイン　good wine　　vīnum 中単主 ワイン

Senātus Populusque Rōmānus
（セナートゥス　ポプルスクェ　ローマーヌス）

元老院とローマの人民（古代ローマの主権者．SPQR と略される）
the Senate and the People of Rome
Senātus 男単主 元老院／ populus 男単主　人民／ ... ...que …と…／ Rōmānus 形男単主 ローマの

Pax Rōmāna
（パクス　ローマーナ）
ローマの平和　Roman Peace　　pax 女単主 平和

Imperium Rōmānum
（インペリウム　ローマーヌム）
ローマ帝国　the Roman Empire　　imperium 中単主 帝国

11 形容詞の変化 2　omnis

omnis（すべての）などの形容詞は男性形と女性形の単数主格が -is，中性形の単数主格が -e で終わり，次のように変化します．

		男・女	中		男・女	中
主	単数	omnis	omne	複数	omnēs	omnia
属		omnis	omnis		omnium	omnium
与		omnī	omnī		omnibus	omnibus
対		omnem	omne		omnēs(-īs)	omnia
奪		omnī	omnī		omnibus	omnibus

Omne initium est difficile.
オムネ イニティウム エスト ディッフィキレ
すべての始まりは難しい　Every beginning is difficult.
initium 中単主 始まり／est …である／difficile 形中単主⇒difficilis 難しい

opera omnia
オペラ オムニア
全作品，全集　complete works
opera 中複主⇒opus 作品

Dulce bellum inexpertīs.
ドゥルケ ベッルム イネクスペルティース
戦争は経験のない者には楽しい　War is sweet for those who haven't experienced it.
dulce 形中単主⇒dulcis 甘い，好ましい／bellum 中単主 戦争／inexpertīs 形男複与⇒inexpertus 未経験の

Ars longa, vīta brevis.
アルス ロンガ ウィータ ブレウィス
学芸は長く人生は短い（ヒポクラテス）　Art is long, life is short.
ars 女単主 技術／longa 形女単主⇒longus 長い／vīta 女単主 人生／brevis 形女単主 短い

annus mīrābilis
アンヌス ミーラービリス
驚くべき年（重大事件の起きた年）　an amazing year
annus 男単主 年／mīrābilis 形男単主 驚くべき

12　形容詞の変化 3　fēlix

fēlix（幸福な）などの形容詞は男性，女性，中性の単数主格が同じ形で，次のように変化します．

		男・女	中		男・女	中
主	単数	fēlix	fēlix	複数	fēlīcēs	fēlīcia
属		fēlīcis	fēlīcis		fēlīcium	fēlīcium
与		fēlīcī	fēlīcī		fēlīcibus	fēlīcibus
対		fēlīcem	fēlix		fēlīcēs	fēlīcia
奪		fēlīcī	fēlīcī		fēlīcibus	fēlīcibus

Arabia fēlix
アラビア　フェーリクス
幸福のアラビア（現イエメンの古代における呼び名）　Happy Arabia
Arabia 女主 アラビア

homō sapiens
ホモー　サピエンス
ホモ・サピエンス（現生人類の学名．「賢い人」の意）　wise person
homō 男単主 人／sapiens 形男単主 賢い

Īra furor brevis est.
イーラ　フロル　ブレウィス　エスト
怒りは一時の狂気である（ホラティウス）　Anger is a brief madness.
īra 女単主 怒り／furor 男単主 狂乱／brevis 形男単主 短時間の

Omnis homō mendax.
オムニス　ホモー　メンダクス
人は皆嘘つきである（旧約聖書「詩編」116:11）　Every man is a liar.
mendax 形男単主 嘘つきの

Tempus edax rērum.
テンプス　エダクス　レールム
時は万物を食い尽くす（オウィディウス）　Time, the devourer of all things.
tempus 中単主 時間／edax 形中単主 …を食い尽くす（＋属格）／rērum 女複属 ⇒ rēs 物

13　動詞変化　現在 1　amō

ラテン語の動詞は人称，数，時制などにより語尾が変化します．amāre（愛する）のように -āre で終わる動詞の現在形は表のように変化します．なお主語代名詞は通常は省略されます．またラテン語では動詞の代表形として amāre のような不定詞ではなく，一人称現在単数形を用いるのが慣例です．辞書の見出し語にも一人称現在単数形があげられています．本書では，原則的に動詞の代表形として一人称現在単数形と不定詞の両方を示します．

	単数	複数
一人称	amō	amāmus
二人称	amās	amātis
三人称	amat	amant

Bonī amant bonum.
（ボニー　アマント　ボヌム）
善人は善を愛する　The good men love the good.
bonī 男複主 ⇒ bonus 善人／bonum 中単対 ⇒ bonum 善

Vetō.
（ウェトー）
私は禁ずる（英語 veto「拒否権」の語源）　I forbid.
vetō ⇒ vetāre 禁止する

Fāma volat.
（ファーマ　ウォラト）
噂は飛ぶ　Rumor has wings.
fāma 女単主 噂／volat《現在》三単 ⇒ volō, volāre 飛ぶ

Medicus cūrat, nātūra sānat.
（メディクス　クーラト　ナートゥーラ　サーナト）

医者は治し，自然は癒やす　The physician treats, nature cures.
medicus 男単主 医者／cūrat《現在》三単 ⇒ cūrō, cūrāre 治療する／nātūra 女単主 自然／sānat《現在》三単 ⇒ sānō, sānāre 癒やす

14　動詞変化　現在2　habeō

habēre（持っている）のように -ēre で終わる動詞の現在形は次のように変化します．

	単数	複数
一人称	habeō	habēmus
二人称	habēs	habētis
三人称	habet	habent

Habēmus Pāpam.
ハベームス　パーパム

私たちには教皇がいる（新しい教皇が選出されたことを告げる表現）
We have a pope.
pāpam 男単対 ⇒ pāpa 教皇

Omnia habent tempus.
オムニア　ハベント　テンプス

すべてのものに時がある（旧約聖書「コヘレトの言葉」3:1）
All things have their time.
omnia 中複主 ⇒ omne すべてのもの／ tempus 中単対 ⇒ tempus 時

Experientia docet stultōs.
エクスペリエンティア　ドケト　ストゥルトース

経験は愚者を教える　Experience teaches fools.
experientia 女単主 経験／ docet《現在》三単 ⇒ doceō, docēre 教える／ stultōs 男複対 ⇒ stultus 愚者

Verba volant, scripta manent.
ウェルバ　ウォラント　スクリプタ　マネント

（話された）言葉は飛び去るが，書かれた文字はとどまる
Spoken words fly away, written words remain.
verba 中複主 ⇒ verbum 言葉／ volant《現在》三複 ⇒ volō, volāre 飛ぶ／ scripta 中複主 ⇒ scriptum 書かれたもの／ manent《現在》三複 ⇒ maneō, manēre とどまる

15　動詞変化　現在3　crēdō

crēdere（信じる）などの -ere で終わる動詞の現在形は次のように変化します．

	単数	複数
一人称	crēdō	crēdimus
二人称	crēdis	crēditis
三人称	crēdit	crēdunt

Crēdō quia absurdum.
クレードー　クィア　アプスルドゥム

不合理である故に私は信じる（テルトゥリアヌス）　I believe because it is absurd.
quia 接 なぜなら／ absurdum 形中単主⇒absurdus 不合理な

Nihil dīcit.
ニヒル　ディーキト

彼（女）は何も言わない（無抗弁の）　He [She] says nothing.
nihil《不変》中 何も…ない／ dīcit《現在》三単⇒dīcō, dīcere 言う

Vēritās vincit.
ウェーリタース　ウィンキト

真理は勝つ　Truth prevails.
vēritās 女単主 真理／ vincit《現在》三単⇒vincō, vincere 勝つ

Scrībō epistulam.
スクリーボー　エピストゥラム

私は手紙を書いている　I'm writing a letter.
scrībō《現在》一単⇒scrībere 書く／ epistulam 女単対⇒epistula 手紙

Hominēs, dum docent, discunt.
ホミネース　ドゥム　ドケント　ディスクント

人は教えながら学ぶ（セネカ）　Men learn while they teach.
hominēs 男複主⇒homō 人間／ dum 接 …する間／ docent《現在》三複⇒doceō, docēre 教える／ discunt《現在》三複⇒discō, discere 学ぶ

16 動詞変化　現在4　faciō

facere（作る，する）などの動詞の現在形は次のように変化します．

	単数	複数
一人称	faciō	facimus
二人称	facis	facitis
三人称	facit	faciunt

Fidēs facit fidem.
フィデース　ファキト　フィデム

信頼は信頼を生む　Confidence begets confidence.
fidēs 女単主 信頼／ fidem 女単対 ⇒ fidēs

Barba nōn facit philosophum.
バルバ　ノーン　ファキト　ピロソプム

ひげは哲学者を作らない　A beard does not constitute a philosopher.
barba 女単主 ひげ／ nōn 副 …ない／ philosophum 男単対 ⇒ philosophus 哲学者

Dīcunt enim et nōn faciunt.
ディークント　エニム　エト　ノーン　ファキウント

彼らは言うが実行しないからだ（新約聖書「マタイによる福音書」23:3）
For they say, and do not.
dīcunt《現在》三複 ⇒ dīcō, dīcere 言う／ enim 接 なぜなら

Aquila nōn capit muscās.
アクィラ　ノーン　カピト　ムスカース

鷲は蠅を捕まえない　The eagle does not catch flies.
aquila 女単主 鷲／ capit《現在》三単 ⇒ capiō, capere 捕まえる／ muscās 女複対 ⇒ musca 蠅

Tempus fugit.
テンプス　フギト

時のたつのは早い（光陰矢のごとし）　Time flies.
tempus 中単主 時間／ fugit《現在》三単 ⇒ fugiō, fugere 逃げる

17　動詞変化　現在 5　veniō

venīre（来る）などの -īre で終わる動詞の現在形は次のように変化します．

	単数	複数
一人称	veniō	venīmus
二人称	venīs	venītis
三人称	venit	veniunt

Veniō cito.
ウェニオー　キト

私はすぐに来る（新約聖書「ヨハネの黙示録」3:11）　I am coming soon.
cito 副 すぐに

Sitiō.
スィティオー

私はのどが渇いている　I am thirsty.
sitiō《現在》一単⇒sitīre のどが渇いている

Simōn, dormīs?
スィモーン　ドルミース

シモン，眠っているのか（新約聖書「マルコによる福音書」14:37）
Simon, are you asleep?
Simōn 主 シモン（人名）／ dormīs《現在》三単⇒dormiō, dormīre 眠る

Scīmus quia peccātōrēs Deus nōn audit.
スキームス　クィア　ペッカートーレース　デウス　ノーン　アウディト

神は罪人の言うことを聞かないのを私たちは知っている（新約聖書「ヨハネによる福音書」9:31）　We know that God does not listen to sinners.
scīmus《現在》一複⇒sciō, scīre 知っている／ quia 接 …ということ／ peccātōrēs 男複対⇒peccātor （宗教上の）罪人／ Deus 男単主 神／ audit《現在》三単⇒audiō, audīre 聞く

18　不規則動詞 1　sum

英語のbe動詞に相当するsum（不定詞esse）の現在形は不規則な変化をします．

	単数	複数
一人称	sum	sumus
二人称	es	estis
三人称	est	sunt

Cīvis Rōmānus sum.
キーウィス　ローマーヌス　スム

私はローマ市民だ　I am a Roman citizen.
cīvis 男単主 市民／Rōmānus 形男単主 ローマの

Vērē Fīlius Deī es!
ウェーレー　フィーリウス　デイー　エス

あなたは本当に神の子だ（新約聖書「マタイによる福音書」14:33）
Truly you are the Son of God.
vērē 副 本当に／fīlius 男単主 息子／Deī 男単属⇒Deus 神

Scientia potentia est.
スキエンティア　ポテンティア　エスト

知は力なり（フランシス・ベーコン）　Knowledge is power.
scientia 女単主 知識／potentia 女単主 力

Pulvis et umbra sumus.
プルウィス　エト　ウンブラ　スムス

我々は塵と影である（ホラティウス）　We are dust and shadows.
pulvis 女単主 塵／et 接 …と…／umbra 女単主 影

Librī mūtī magistrī sunt.
リブリー　ムーティー　マギストリー　スント

書物は無言の教師である　Books are silent teachers.
librī 男複主⇒liber 本，書物／mūtī 形男複主⇒mūtus 無言の／magistrī 男複主⇒magister 教師

19　不規則動詞2　possum, volō

possum（…できる）とvolō（欲する）の現在形は次のように変化します．

一人称単数	possum	volō
二人称単数	potes	vīs
三人称単数	potest	vult
一人称複数	possumus	volumus
二人称複数	potestis	vultis
三人称複数	possunt	volunt
不定詞	posse	velle

Sī vīs, potes.
スィーウィース　ポテス

意欲があればあなたにはできる（ホラティウス）　If you want, you can.
sī 接　もし…なら

Nēmō potest duōbus dominīs servīre.
ネーモー　ポテスト　ドゥオーブス　ドミニース　セルウィーレ

誰も二人の主人に仕えることはできない（新約聖書「マタイによる福音書」6:24）
No one can serve two masters.
nēmō 男単主　誰も…ない／duōbus 形男複与⇒duo 二人の／dominīs 男複与⇒dominus 主人／servīre ⇒serviō …に仕える（＋与格）

Misericordiam volō et nōn sacrificium.
ミセリコルディアム　ウォロー　エト　ノーン　サクリフィキウム

私が求めているのは憐れみであっていけにえではない（新約聖書「マタイによる福音書」12:7）　I desire mercy, not sacrifice.
misericordiam 女単対⇒misericordia 憐れみ／sacrificium 中単対⇒sacrificium いけにえ

20　不規則動詞 3　dō, ferō, fīō

dō（与える）, ferō（運ぶ）, fīō（なる，起こる）の現在形は次のように変化します．

一人称単数	dō	ferō	fīō
二人称単数	dās	fers	fīs
三人称単数	dat	fert	fit
一人称複数	damus	ferimus	fīmus
二人称複数	datis	fertis	fītis
三人称複数	dant	ferunt	fīunt
不定詞	dare	ferre	fierī

Pācem meam dō vōbīs.
パーケム　メアム　ドー　ウォービース

私は私の平和をあなた方に与える（新約聖書「ヨハネによる福音書」14:27）
My peace I give to you.
pācem 女単対⇒pax 平和／pācem meam 私の平和を／vōbīs あなた方に

Omnia fert aetās, animum quoque.
オムニア　フェルト　アエタース　アニムム　クォクェ

歳月はすべてを運び去っていく，心までも（ウェルギリウス）
Time bears away all things, even our minds.
omnia 中複対⇒omne すべてのもの／aetās 女単主 歳月／animum 男単対⇒ animus 心／quoque 副…もまた

Brevis esse labōrō, obscūrus fīō.
ブレウィス　エッセ　ラボーロー　オブスクールス　フィーオー

私は簡潔であろうと努めるが，曖昧になってしまう（ホラティウス）
When I try to be brief, I become obscure.
brevis 形男単主 簡潔な／esse⇒sum …である／labōrō《現在》一単⇒labōrāre 努力する／obscūrus 形男単主 曖昧な

Ex nihilō, nihil fit.
エクス　ニヒロー　ニヒル　フィト

無からは何も生じない　Nothing comes from nothing.
ex 前…から（＋奪格）／nihilō 中単奪⇒nihilum 無／nihil《不変》中　無

21 人称代名詞

ラテン語では，動詞の語尾が人称と数を示しているので，人称代名詞の主格は省略が可能です．主格が用いられる場合は強調や対照が表現されます．なお，ラテン語には三人称の人称代名詞がなく，代わりに後述の指示代名詞が用いられます．

	一人称 単数	一人称 複数	二人称 単数	二人称 複数
主格	ego	nōs	tū	vōs
属格	meī	nostrī, nostrum*	tuī	vestrī, vestrum*
与格	mihi	nōbīs	tibi	vōbīs
対格	mē	nōs	tē	vōs
奪格	mē	nōbīs	tē	vōbīs

＊ nostrum と vestrum はそれぞれ「私たちのうちの」「あなたたちのうちの」を表す．

Sī tū valēs, bene est; ego valeō.

あなたが元気ならそれは結構なことだ．私は元気だ（手紙の書き出し文）
If you are well, it is well; I am well.
sī 接 もし…なら／valēs《現在》二単⇒valeō, valēre 元気である／bene 副 よく

Miserēre meī.

我を憐れみ給え　Have mercy on me.　miserēre＋属格 …を憐れんでください

Nōn mihi, nōn tibi, sed nōbīs.

私のためでなく，あなたのためでなく，私たちのために
Not for you, not for me, but for us.
nōn... sed... …ではなく…

Amās mē? ― Amō tē.

「あなたは私を愛していますか」「私はあなたを愛しています」
Do you love me? ― I love you.　amās《現在》二単⇒amō, amāre 愛する

Et tū, Brūte!
エト　トゥー　ブルーテ

ブルータス，お前もか（暗殺されたカエサルが今際の際に言った言葉）　You too, Brutus!
Brūte 呼 ⇒ Brūtus ブルートゥス（人名）

Tibi grātiās agō.
ティビ　グラーティアース　アゴー

私はあなたに感謝する（ありがとう）　Thank you.
grātiās 女複対 ⇒ grātia 感謝／agō《現在》一単 ⇒ agere 行う／grātiās agere 感謝する

Miserēre nostrī.
ミセレーレ　ノストリー

私たちを憐れんでください　Have mercy on us.

ūnus nostrum
ウーヌス　ノストルム

私たちの一人（nostrum は「私たちのうちの」の意味）　one of us
ūnus 男単主　一人

Dōnā nōbīs pācem.
ドーナー　ノービース　パーケム

私たちに平和を与えてください　Grant us peace.
dōnā 与えてください／pācem 女単対 ⇒ pax 平和

Domine, dīrige nōs.
ドミネ　ディーリゲ　ノース

主よ，私たちをお導きください（ロンドン市の標語）　Lord, direct us.
domine 男単呼 ⇒ dominus 主／dīrige 導いてください

Vōs estis sāl terrae.
ウォース　エスティス　サール　テッラエ

あなた方は地の塩である（新約聖書「マタイによる福音書」5:13）
You are the salt of the earth.
estis《現在》二複 ⇒ sum, esse …である／sāl 男単主 塩／terrae 女単属 ⇒ terra 大地

Pax vōbīs.
パクス　ウォービース

あなた方に平和があるように（新約聖書「ルカによる福音書」24:36）　Peace be with you.
pax 女単主 平和

22 指示代名詞 1　is, ea, id

ラテン語には三人称の人称代名詞がなく，指示代名詞のis, ea, idを代用します．isは一人の男性あるいは単数形の男性名詞を指し，文脈によって「彼」または「それ」を表します．同様にeaは「彼女」または「それ」を表します．idは「それ」です．

		男性	女性	中性		男性	女性	中性
主	単数	is	ea	id	複数	eī, iī, ī	eae	ea
属		ejus	ejus	ejus		eōrum	eārum	eōrum
与		eī	eī	eī		eīs, iīs, īs	eīs, iīs, īs	eīs, iīs, īs
対		eum	eam	id		eōs	eās	ea
奪		eō	eā	eō		eīs, iīs, īs	eīs, iīs, īs	eīs, iīs, īs

Vēnimus adōrāre eum.
ウェーニムス　アドーラーレ　エウム

私たち（東方の三博士）は彼（生まれたばかりのイエス）を拝みに来た（新約聖書「マタイによる福音書」2:1）　We have come to worship him.
vēnimus 私たちは来た／ adōrāre ⇒ adōrō あがめる

Parāte viam Dominī, rectās facite sēmitās ejus!
パラーテ　ウィアム　ドミニー　レクタース　ファキテ　セーミタース　エイユス

主の道を整え，その道筋をまっすぐにせよ（新約聖書「マルコによる福音書」1:3）
Prepare the way of the Lord, straighten out his paths.
parāte 準備しなさい／ viam 女単対 ⇒ via 道／ dominī 男単属 ⇒ dominus 主／ rectās 形女複対 ⇒ rectus まっすぐな／ facite …を…にしなさい／ sēmitās 女複対 ⇒ sēmita 道

id est
イド　エスト

すなわち，つまり（i.e. と省略されることが多い）　that is
est《現在》三単 ⇒ sum, esse …である

23 指示代名詞2　hic

hic「これ，この」は次のように変化します．

		男性	女性	中性		男性	女性	中性
主	単数	hic	haec	hoc	複数	hī	hae	haec
属		hujus	hujus	hujus		hōrum	hārum	hōrum
与		huic	huic	huic		hīs	hīs	hīs
対		hunc	hanc	hoc		hōs	hās	haec
奪		hōc	hāc	hōc		hīs	hīs	hīs

Hic est Fīlius meus dīlectus.
ヒク　エスト　フィーリウス　メウス　ディーレクトゥス

これは私の愛する子（新約聖書「マルコによる福音書」9:7）
This is my beloved Son.
fīlius 男単主 息子／ dīlectus 形男単主 愛する，愛しい

Hoc est corpus meum.
ホク　エスト　コルプス　メウム

これは私の体である（新約聖書「マタイによる福音書」26:26）　This is my body.
corpus 中単主 体／ corpus meum 私の体

Hoc opus, hic labor est.
ホク　オプス　ヒク　ラボル　エスト

これはおおごと，これは大仕事だ（ウェルギリウス）　This is the task, this is the toil.
opus 中単主 仕事，苦労／ labor 男単主 骨折り

Sī hunc dīmittis, nōn es amīcus Caesaris.
スィー　フンク　ディーミッティス　ノーン　エス　アミークス　カエサリス

もしこの男（イエス）を釈放するならあなたは皇帝の友ではない（新約聖書「ヨハネによる福音書」19:12）　If you release this Man, you are no friend of Caesar.
sī 接 もし…なら／ dīmittis《現在》二単 ⇒ dīmittō, dīmittere 放免する／ Caesaris 男単属 ⇒ Caesar カエサル（ローマ皇帝の称号）

24 指示代名詞3　iste

iste「それ，その」は話し相手の近くにある物や人を指します．iste は次のように変化します．

		男性	女性	中性		男性	女性	中性
主	単数	iste	ista	istud	複数	istī	istae	ista
属		istīus	istīus	istīus		istōrum	istārum	istōrum
与		istī	istī	istī		istīs	istīs	istīs
対		istum	istam	istud		istōs	istās	ista
奪		istō	istā	istō		istīs	istīs	istīs

Dīc mihi, crās istud, Postume, quandō venit?
ディーク　ミヒ　クラース　イストゥド　ポストゥメ　クァンドー　ウェニト

ポストゥムスよ，その明日とやらはいつ来るのか私に言ってくれ（マルティアリス）
Tell me, Postumus, when will that tomorrow arrive?
dīc mihi 私に言え／ crās 中単主 明日／ Postume 呼⇒Postumus ポストゥムス（人名）／ quandō いつ／ venit《現在》三単⇒veniō, venīre 来る

Nesciō hominem istum, quem dīcitis!
ネスキオー　ホミネム　イストゥム　クェム　ディーキティス

私はあなたたちが言っているそんな人は知らない（新約聖書「マルコによる福音書」14:71）　I do not know this man you are talking about!
nesciō《現在》一単⇒nescīre 知らない／ hominem 男単対⇒homō 人／ quem《関係》代男単対 …が…する／ dīcitis《現在》二複⇒dīcō, dīcere 言う

Quis est iste Fīlius hominis?
クィス　エスト　イステ　フィーリウス　ホミニス

その人の子とは誰ですか（新約聖書「ヨハネによる福音書」12:34）
Who is this Son of Man?
quis 誰／ hominis 男単属⇒homō 人／ Fīlius hominis 人の子（新約聖書ではイエス・キリストのこと）

25　指示代名詞 4　ille

ille「あれ, あの, かの」は次のように変化します．

		男性	女性	中性		男性	女性	中性
主	単数	ille	illa	illud	複数	illī	illae	illa
属		illīus	illīus	illīus		illōrum	illārum	illōrum
与		illī	illī	illī		illīs	illīs	illīs
対		illum	illam	illud		illōs	illās	illa
奪		illō	illā	illō		illīs	illīs	illīs

Diēs īrae, diēs illa
ディエース　イーラエ　ディエース　イッラ

怒りの日（最後の審判の日），かの日　The day of wrath, that day
diēs 男(時に女)単主 日／ īrae 女単属 ⇒ īra 怒り

Hinc illae lacrimae!
ヒンク　イッラエ　ラクリマエ

これがあの涙の原因だ（これがあのことの原因だ）（テレンティウス）
Hence those tears.
hinc 副　ここから／ lacrimae 女複主 ⇒ lacrima 涙

Tū discipulus illīus es.
トゥー　ディスキプルス　イッリーウス　エス

あなたはあの人（イエス）の弟子だ（新約聖書「ヨハネによる福音書」9:28）
You are His disciple.
discipulus 男単主　弟子

Crucifīge, crucifīge illum!
クルキフィーゲ　クルキフィーゲ　イッルム

あの男（イエス）を十字架につけろ（新約聖書「ルカによる福音書」23:21）
Crucify, crucify Him!
crucifige　十字架につけろ

26 　所　有　形　容　詞

「私の」「あなたの」という所有を表すときには所有形容詞を使います．所有形容詞は次のように変化します．

		男性 単数	男性 複数	女性 単数	女性 複数	中性 単数	中性 複数
一人称単数	主	meus	meī	mea	meae	meum	mea
	属	meī	meōrum	meae	meārum	meī	meōrum
	与	meō	meīs	meae	meīs	meō	meīs
	対	meum	meōs	meam	meās	meum	mea
	奪	meō	meīs	meā	meīs	meō	meīs
	呼	mī	meī	mea	meae	meum	mea
一人称複数	主	noster	nostrī	nostra	nostrae	nostrum	nostra
	属	nostrī	nostrōrum	nostrae	nostrārum	nostrī	nostrōrum
	与	nostrō	nostrīs	nostrae	nostrīs	nostrō	nostrīs
	対	nostrum	nostrōs	nostram	nostrās	nostrum	nostra
	奪	nostrō	nostrīs	nostrā	nostrīs	nostrō	nostrīs
	呼	noster	nostrī	nostra	nostrae	nostrum	nostra

Dominus illūminātiō mea.
ドミヌス　イッルーミナーティオー　メア

主は我が光（旧約聖書「詩編」27:15．オックスフォード大学の標語にもなっている）
The Lord is my light.
dominus 男単主 主人／illūminātiō 女単主 照らすこと，照明

meā culpā
メアー　クルパー

私の過ちによって（自分の過ちを認める表現）　through my fault
culpā 女単奪 ⇒ culpa 過ち

Mare Nostrum
マレ　ノストルム

我らの海（古代ローマでの地中海の呼称）　Our Sea
mare 中単主 海

		男　　性		女　　性		中　　性	
		単数	複数	単数	複数	単数	複数
二人称単数	主	tuus	tuī	tua	tuae	tuum	tua
	属	tuī	tuōrum	tuae	tuārum	tuī	tuōrum
	与	tuō	tuīs	tuae	tuīs	tuō	tuīs
	対	tuum	tuōs	tuam	tuās	tuum	tua
	奪	tuō	tuīs	tuā	tuīs	tuō	tuīs
	呼	tue	tuī	tua	tuae	tuum	tua
二人称複数	主	vester	vestrī	vestra	vestrae	vestrum	vestra
	属	vestrī	vestrōrum	vestrae	vestrārum	vestrī	vestrōrum
	与	vestrō	vestrīs	vestrae	vestrīs	vestrō	vestrīs
	対	vestrum	vestrōs	vestram	vestrās	vestrum	vestra
	奪	vestrō	vestrīs	vestrā	vestrīs	vestrō	vestrīs
	呼	vester	vestrī	vestra	vestrae	vestrum	vestra

Sermō tuus vēritās est.
セルモー　トゥウス　ウェーリタース　エスト

あなたの言葉は真理である（新約聖書「ヨハネによる福音書」17:17）
Your word is truth.
sermō 男単主 言葉, 話／ vēritās 女単主 真理

Honōrā patrem tuum et mātrem tuam.
ホノーラー　パトレム　トゥウム　エト　マートレム　トゥアム

あなたの父と母を敬いなさい（旧約聖書「出エジプト記」20:12）
Honor your father and your mother.
honōrā 敬え／ patrem 男単対 ⇒pater 父／ mātrem 女単対 ⇒māter 母

Ecce rēx vester!
エッケ　レークス　ウェステル

見よ，あなたたちの王だ（新約聖書「ヨハネによる福音書」19:14）　Behold your King!
ecce 間 ほら，見よ／ rēx 男単主 王

		男　性		女　性		中　性	
		単数	複数	単数	複数	単数	複数
三人称単複	主	suus	suī	sua	suae	suum	sua
	属	suī	suōrum	suae	suārum	suī	suōrum
	与	suō	suīs	suae	suīs	suō	suīs
	対	suum	suōs	suam	suās	suum	sua
	奪	suō	suīs	suā	suīs	suō	suīs
	呼	sue	suī	sua	suae	suum	sua

三人称の所有形容詞suusは文の主語がそのものを所有していることを表します．文の主語とは別の人が所有しているものには，指示代名詞isの属格を用います．

Suus cuīque mōs.
スウス　クィークェ　モース

それぞれの人にやり方がある　To each his own way.
cuīque 代男単与⇒quisque 各人／mōs 男単主 やり方

Omnis habet sua dōna diēs.
オムニス　ハベト　スア　ドーナ　ディエース

一日一日がそれ自身の贈り物を持っている（マルティアリス）
Every day brings its own gifts.
omnis 形男単主 すべての，それぞれの（文末のdiēsにかかる）／habet《現在》三単
⇒habeō, habēre 持つ／dōna 中複対⇒dōnum 贈り物／diēs 男単主　日

Faber est suae quisque fortūnae.
ファベル　エスト　スアエ　クィスクェ　フォルトゥーナエ

各人が自分の運命の作者である（アッピウス）
Everyone is the artisan of their own fortune.
faber 男単主 職人／suae 女単属 fortūnaeにかかる／quisque 代男単主 各人／
fortūnae 女単属⇒fortūna 運命

suī generis
スイー　ゲネリス

独特の，独自の　of its own kind
generis 中単属⇒genus 種類

27　再帰代名詞

再帰代名詞は，「…自身」を意味する代名詞で，主格と呼格はありません．一人称と二人称では人称代名詞と同じですが，三人称では特別な形があり，単複同形です．

	一人称 単数	一人称 複数	二人称 単数	二人称 複数	三人称 単複
属	meī	nostrī	tuī	vestrī	suī
与	mihi	nōbīs	tibi	vōbīs	sibi
対	mē	nōs	tē	vōs	sē
奪	mē	nōbīs	tē	vōbīs	sē

Sciō mē nihil scīre.
スキオー　メー　ニヒル　スキーレ

私は自分が何も知らないことを知っている（ソクラテス）
I know that I know nothing.
sciō《現在》一単 ⇒ scīre 知っている／ nihil《不変》中　何も…ない／ sciō mē＋不定詞　私は自分が…することを知っている

Medice, cūrā tē ipsum.
メディケ　クーラー　テー　イプスム

医者よ自分自身を治せ（新約聖書「ルカによる福音書」4:23）
Physician, heal yourself.
medice 男単呼 ⇒ medicus 医者／ cūrā 治療しなさい／ ipsum《強意》代男単対 ⇒ ipse 自分自身

amor suī
アモル　スイー

自分に対する愛，自己愛　self-love
amor 男単主 愛

nōn sibi sed patriae
ノーン　スィビ　セド　パトリアエ

自分のためでなく祖国のために　not for self, but for country
nōn... sed... …ではなく…／ patriae 女単与 ⇒ patria 祖国

28 前置詞

ラテン語の前置詞は対格か奪格のどちらかまたは両方を伴います．

ā ＋ 子音で始まる奪格 …から

ā posteriōrī
アー ポステリオーリー
帰納的に，後天的に　from what comes later
posteriōrī 形中単奪 ⇒ posterior より後の

ā priōrī
アー プリオーリー
演繹的に　from what is before
priōrī 形中単奪 ⇒ prior より以前の

ab ＋ 母音で始まる奪格 …から

ab initiō
アブ イニティオー
始めから　from the beginning
initiō 中単奪 ⇒ initium 始まり

ad ＋ 対格 …の方に；…のために；…に至るまで

ad astra
アド アストラ
星まで，高い地位まで　to the stars
astra 中複対 ⇒ astrum 星

ad hoc
アド ホク
このために，特別に，臨時に　for this purpose
hoc 《指示》代中単対 ⇒ hoc これ

ad infīnītum
アド インフィーニートゥム
無限に，果てしなく　endlessly, for ever
infīnītum 中単対 ⇒ infīnītum 無限

ad libitum
アド リビトゥム
任意に，随意に　at will
libitum 男単対 ⇒ libitus 気まぐれ

ad litteram
アド リッテラム
文字通りに，正確に　to the letter
litteram 女単対 ⇒ littera 文字

Hannibal ad portās.
ハンニバル アド ポルタース
ハンニバルが門の前まで来ている（危険が目前に迫っている）
Hannibal is at the gates.
Hannibal ハンニバル（カルタゴの名将）／ portās 女複対 ⇒ porta 門

reductiō ad absurdum
レドゥクティオー アド アプスルドゥム
帰謬法　reduction to the absurd
reductiō 女単主 引き戻すこと／ absurdum 形中単対 ⇒ absurdus 不合理な

ante ＋ 対格
（時間的，空間的に）…の前で

ante bellum
アンテ ベッルム
戦前に　before the war
bellum 中単対 ⇒ bellum 戦争

circā ＋ 対格　…の周りに；…ころ

circā lūcem
キルカー ルーケム
日の出ごろに　at dawn
lūcem 女単対 ⇒ lux 光

contrā ＋ 対格　…に対して，反して

bellum omnium contrā omnēs
ベッルム オムニウム コントラー オムネース

万人の万人に対する闘争（ホッブズ）　the war of all against all
bellum 中単主 戦争／ omnium 男複属 ⇒ omnēs 万人

47

cōram ＋奪格　…の面前で

cōram pūblicō
コーラム　プーブリコー
公の面前で　in public
pūblicō 中単奪 ⇒ pūblicum 公共の場

cum ＋奪格　…とともに，…をもって

cum laude
クム　ラウデ
（米国で卒業成績が）優等で　with praise
laude 女単奪 ⇒ laus 賞賛

cum grānō salis
クム　グラーノー　サリス
一粒の塩と一緒に（眉につばをつけて）　with a grain of salt
grānō 中単奪 ⇒ grānum 粒子　　salis 男単属 ⇒ sāl 塩

dē ＋奪格　…から，…から下に；…について

dē factō
デー　ファクトー
事実上の　in reality
factō 中単奪 ⇒ factum 事実

dē jūre
デー　ユーレ
法律上の　sanctioned by law
jūre 中単奪 ⇒ jūs 法律

Dē brevitāte vītae
デー　ブレウィターテ　ウィータエ
「人生の短さについて」（セネカ著）　On the shortness of life
brevitāte 女単奪 ⇒ brevitās 短さ／vītae 女単属 ⇒ vīta 人生

Dē rērum nātūrā
デー　レールム　ナートゥーラー
「事物の本性について」（ルクレティウス著）　Concerning the nature of things
rērum 女複属 ⇒ rēs 事物／nātūrā 女単奪 ⇒ nātūra 性質

ē＋子音で始まる奪格　…から

ē plūribus ūnum
多数から一（米国の国章などの標語）　out of many, one
plūribus 中複奪⇒plūra 多数　ūnum 中単主 一つ

ex＋奪格　…から

creātiō ex nihilō
無からの創造　creation out of nothing
creātiō 女単主 創造／ nihilō 中単奪⇒nihilum 無

deus ex māchinā
機械仕掛けの神（ギリシャ劇で，混乱した筋を解決するため登場する神）
god from the machine
deus 男単主 神／ māchinā 女単奪⇒māchina 機械

ex cathedrā
権威の座から，権威をもって　with authority
cathedrā 女単奪⇒cathedra（教師の）椅子

ex librīs
…の蔵書から（蔵書の所有者を示す表現）　from the library (of)
librīs 男複奪⇒liber 本

in＋対格　…の中に，…に向かって

in aeternum
永遠に　for eternity
aeternum 形中単対⇒aeternus 永遠の

in memoriam
…を偲んで，悼んで；追悼文　in memory (of)
memoriam 女単対⇒memoria 思い出

in＋奪格　…の中で，…において

in nōmine Patris et Fīliī et Spīritūs Sanctī
（イン　ノーミネ　パトリス　エト　フィーリイー　エト　スピーリトゥース　サンクティー）

父と子と聖霊の名において
in the name of the Father, and of the Son, and of the Holy Spirit
nōmine 中単奪⇒nōmen 名前／patris 男単属⇒pater 父／Spīritūs Sanctī 男単属⇒Spīritus Sanctus 聖霊

in situ
（イン　スィトゥー）

元の場所に　in its (original) place
situ 男単奪⇒situs 場所

In vīnō vēritās.
（イン　ウィーノー　ウェーリタース）

酒の中に真実がある（酒を飲むと本音が出る）　There is truth in wine.
vīnō 中単奪⇒vīnum ワイン／vēritās 女単主 真実

in vitrō
（イン　ウィトロー）

ガラス内で（試験管内で）　in glass
vitrō 中単奪⇒vitrum ガラス

in vīvō
（イン　ウィーウォー）

生体内で　within a living organism
vīvō 中単奪⇒vīvum 生体

Et in Arcadiā ego.
（エト　イン　アルカディアー　エゴ）

私（死に神）はアルカディア（理想郷）にもいる（理想郷にも死は存在する）
Even in Arcadia I exist.
et 接…も／Arcadiā 女奪⇒Arcadia アルカディア

lupus in fābulā
（ルプス　イン　ファーブラー）

お話の中の狼（噂をすれば影）　the wolf in the tale
lupus 男単主 狼／fābulā 女単奪⇒fābula 物語

mens sāna in corpore sānō
メンス　サーナ　イン　コルポレ　サーノー

健全な精神が健全な肉体に（宿るように）　a sound mind in a sound body
mens 女単主⇒精神／ sāna 形女単主⇒ sānus 健全な／ corpore 中単奪⇒ corpus 肉体
／ sānō 形中単奪 ⇒ sānus

ｉｎｔｅｒ＋対格　…の間に

prīmus inter parēs
プリームス　インテル　パレース

同輩中で首席の　first among equals
prīmus 形男単主 第一の／ parēs 男複対⇒ pār 同等の人

Inter arma silent lēgēs.
インテル　アルマ　スィレント　レーゲース

武器の間では法は沈黙する　In the midst of arms the laws are silent.
arma 中複対⇒ arma 武器／ silent《現在》三複⇒ sileō, silēre 沈黙する／ lēgēs 女複主
⇒ lex 法律

ｐｅｒ＋対格…を通って；…あたり

per aspera ad astra
ペル　アスペラ　アド　アストラ

困難を経て星々に至る　through hardships to the stars
aspera 形中複対⇒ asper 困難な／ astra 中複対 ⇒ astrum 星

per annum
ペル　アンヌム

１年あたり，年間　by the year, yearly
annum 男単対⇒ annus 年

per capita
ペル　カピタ

１人あたり　by heads, individually
capita 中複対⇒ caput 頭

per diem
ペル　ディエム

１日あたり　by the day, daily
diem 男単対⇒ diēs 日

per mensem
ペル　　　メンセム

月ごとに　by the month, monthly
mensem 男単対⇒mensis（暦の）月

per sē
ペル　セー

それ自身は，それ自身で　by itself
sē《再帰》代三単対 それ自身

ｐｏｓｔ＋対格　…の後に

post bellum
ポスト　　ベッルム

戦後に　after the war
bellum 中単対⇒bellum 戦争

post mortem
ポスト　　モルテム

死後に　after death
mortem 女単対⇒mors 死

prō＋奪格
…の前に；…のために；…の代わりに

prō bonō pūblicō
プロー　　ボノー　　プーブリコー

公益のために　for the public good
bonō 中単奪⇒bonum 益／pūblicō 形中単奪⇒pūblicus 公共の

prō formā
プロー　　フォルマー

形式上の，見積もりの　as a matter of form
formā 女単奪⇒forma 形

prō et contrā
プロー　エト　コントラー

賛成と反対　for and against

prō tempore
プロー　　テンポレ

一時的に，当座は　for the time being
tempore 中単奪⇒tempus 時間

Oculum prō oculō, et dentem prō dente.
<small>オクルム プロー オクロー エト デンテム プロー デンテ</small>

目には目を，歯には歯を　Eye for eye, and tooth for tooth.
oculum 男単対⇒oculus 目／oculō 男単奪⇒oculus／dentem 男単対⇒dens 歯／dente 男単奪⇒dens

In dubiō prō reō.
<small>イン ドゥビオー プロー レオー</small>

疑わしきは被告人の利益に（疑わしきは罰せず）（When）in doubt, for the accused.
dubiō 中単奪⇒dubium 疑い／reō 男単奪⇒reus 被告人

ｓｉｎｅ＋奪格　…なしに

sine diē
<small>スィネ ディエー</small>

無期限に　without a day; indefinitely
diē 男単奪⇒diēs 日

sine quā nōn
<small>スィネ クァー ノーン</small>

不可欠なもの，必須条件（condiciō sine quā nōn の略）　without which not
quā《関係》代女単奪⇒quī／nōn 副…でない

ｓｕｂ＋対格　…の下へ；…の方へ

sub finem
<small>スブ フィネム</small>

（章などの）終わり近くに　toward the end
finem 男単対⇒finis 終わり

ｓｕｂ＋奪格　…の下で

sub rosā
<small>スブ ロサー</small>

秘密に，内密に　under the rose, in secret
rosā 女単奪⇒rosa バラ

sub speciē aeternitātis
<small>スブ スペキエー アエテルニターティス</small>

永遠の相の下に　under the aspect of eternity
speciē 女単奪⇒speciēs 姿／aeternitātis 女単属⇒aeternitās 永遠

29 命令法

命令法は次のように語尾が変化します．否定の命令文は nōlī ＋不定詞（二人称単数）または nōlīte ＋不定詞（二人称複数）で表されます．

不定詞	amāre	vidēre	crēdere	dīcere	venīre
二人称単数	amā	vidē	crēde	dīc*	venī
二人称複数	amāte	vidēte	crēdite	dīcite	venīte

*いくつかの動詞では語末の母音が落ちます．例：facere → fac

Festīnā lentē.
ゆっくり急げ（急がば回れ）　Make haste slowly.
festīnā《命令》二単⇒ festīnō, festīnāre 急ぐ／lentē 副 ゆっくり

Ōrā et labōrā.
祈り，働け（修道会であるベネディクト会の標語）　Worship and work.
ōrā《命令》二単⇒ ōrō, ōrāre 祈る／labōrā《命令》二単⇒ labōrō, labōrāre 働く

Sī vīs pācem, parā bellum.
平和を望むなら戦に備えよ　If you want peace, prepare for war.
sī 接 もし…なら／vīs《現在》二単⇒ volō, velle 欲する／pācem 女単対⇒ pax 平和／parā《命令》二単⇒ parō, parāre 準備する／bellum 中単対⇒ bellum 戦争

Vidē suprā.
上記参照　See above.
vidē《命令》二単⇒ videō, vidēre 見る／suprā 副 上を

Cavē canem.
猛犬に注意　Beware of the dog.
cavē《命令》二単⇒ caveō, cavēre 用心する／canem 男単対⇒ canis 犬

Carpe diem.
カルペ　ディエム

その日を摘め，今を楽しめ（ホラティウス）Seize the day.
carpe《命令》二単⇒carpō, carpere 摘む／diem 男単対⇒diēs 日

Dīvide et imperā.
ディーウィデ　エト　インペラー

分割して統治せよ（被支配者を分割して統治せよ）　Divide and rule.
dīvide《命令》二単⇒dīvidō, dīvidere 分割する／imperā《命令》二単⇒imperō, imperāre 支配する

Age quod agis.
アゲ　クォド　アギス

自分のしていることをなせ（自分がしていることをきちんとしなさい）
Do what you are doing.
age《命令》二単⇒agō, agere 行う／agis《現在》二単⇒agō, agere／quod agis あなたが行っていること

Venī, Domine Jēsū!
ウェニー　ドミネ　イェースー

来てください，主イエスよ　Come, Lord Jesus.
venī《命令》二単⇒veniō, venīre 来る／domine 男単呼⇒dominus 主／Jēsū 呼⇒Jēsūs イエス

Īte, missa est.
イーテ　ミッサ　エスト

行きなさい，これで解散します（ミサの終わりを告げる表現）　Go, the Mass is finished.
īte《命令》二複⇒eō, īre 行く／missa 解散された（主語は文中にないcongregātiō「集会」．このmissaの解釈に関しては諸説あり）

Vāde, Satanās!
ウァーデ　サタナース

退けサタン（新約聖書「マタイによる福音書」4:10）　Go away, Satan.
vāde《命令》二単⇒vādō, vādere 行く／Satanās《不変》男 サタン，悪魔

Nōlī mē tangere.
ノーリー　メー　タンゲレ

私に触れてはいけない（新約聖書「ヨハネによる福音書」20:17）　Touch me not.
mē《人称》代一単対 私を／tangere⇒tangō 触れる

Nōlīte timēre.
ノーリーテ　ティメーレ

恐れるな　Don't be afraid.
timēre⇒timeō 恐れる

30 完 了

ラテン語の完了は「…した」「…し終わった」「もはや…ではない」という意味を表します．完了形の語尾は次のように変化します．

	単数	複数
一人称	-ī	-imus
二人称	-istī	-istis
三人称	-it	-ērunt または -ēre

完了一人称単数の形が辞書に出ているので，その語尾 -ī を他の語尾に置き換えることで動詞を変化させることができます．-āre で終わる動詞の完了一人称単数の語尾は多くの場合 -āvī となります．

	単数	複数
一人称	-āvī	-āvimus
二人称	-āvistī	-āvistis
三人称	-āvit	-āvērunt または -āvēre

イン　プリン**キ**ピオー　クレ**アー**ウィト　**デ**ウス　**カ**エルム　**エ**ト　**テ**ッラム
In principiō creāvit Deus caelum et terram.

初めに神は天と地を創造した（旧約聖書「創世記」1:1）
In the beginning God created the heaven and the earth.
in 前 …に（＋奪格）／ principiō 中単奪 ⇒ principium 初め／ creāvit《完了》三単 ⇒ creō, creāre 創造する／ Deus 男単主　神／ caelum 中単対 ⇒ caelum 天，空／ terram 女単対 ⇒ terra 大地

デー　プロ**フ**ンディース　クラー**マー**ウィー　**ア**ド　**テー**　**ド**ミネ
Dē profundīs clāmāvī ad tē, Domine.

主よ深淵から私はあなたに向かって叫んだ（旧約聖書「詩編」130:1）
From the depths, I have cried out to you, O Lord.
dē 前 …から（＋奪格）／ profundīs 中複奪 ⇒ profundum 深淵／ clāmāvī《完了》一単 ⇒ clāmō, clāmāre 叫ぶ／ ad 前 …に向かって（＋対格）／ domine 男単呼 ⇒ dominus 主

主な動詞の一人称単数の完了形は次のようになります．

veniō（来る）	vēnī	dīcō（言う）	dīxī
videō（見る）	vīdī	faciō（する，作る）	fēcī
vincō（勝利する）	vīcī	sum（…である）	fuī
scrībō（書く）	scrīpsī	vīvō（生きる）	vīxī

Vēnī, vīdī, vīcī.
ウェーニー　ウィーディー　ウィーキー

来た，見た，勝った（カエサルが戦の勝利を伝えた言葉）　I came, I saw, I conquered.

Quod scrīpsī, scrīpsī.
クォド　スクリープスィー　スクリープスィー

私が書いたものは書いてしまった（新約聖書「ヨハネによる福音書」19:22）
What I have written, I have written.
quod scrīpsī 私が書いたもの

Ipse dīxit.
イプセ　ディークスィト

彼自身が言った，先生がそう言った（独断，権威的な断定）　He himself said it.
ipse《強意》代男主 自身／dīxit《完了》三単⇒dīcō, dīcere 言う

Inopem mē cōpia fēcit.
イノペム　メー　コーピア　フェーキト

豊かさが私を貧しくした（オウィディウス）　Plenty has made me poor.
inopem 形男単対⇒inops 貧乏な／cōpia 女単主　豊富／fēcit《完了》三単⇒faciō, facere …を…にする

Fuimus Trōes.
フイムス　トローエス

私たちはかつては（ギリシャとの戦争に敗れて今はない）トロイアの人間だった，私たちはもうトロイアの人間ではない（ウェルギリウス）　We were Trojans.
fuimus《完了》一複⇒sum, esse…である／Trōes 男複主⇒トロイア人

Vīxit annīs vīgintī novem.
ウィークスィト　アンニース　ウィーギンティー　ノウェム

彼（女）は29年生きた（享年29歳）　He (She) lived for 29 years.
vīxit《完了》三単⇒vīvō, vīvēre 生きる／annīs 男複奪⇒annus 年／vīgintī novem 29

31　未完了過去

ラテン語の未完了過去は「…していた」「…したものだった」「…しようとしていた」という意味を表します．未完了過去は次のように変化します．

amō	単数	複数
一人称	amābam	amābāmus
二人称	amābās	amābātis
三人称	amābat	amābant

habeō	単数	複数
一人称	habēbam	habēbāmus
二人称	habēbās	habēbātis
三人称	habēbat	habēbant

crēdō		
一人称	crēdēbam	crēdēbāmus
二人称	crēdēbās	crēdēbātis
三人称	crēdēbat	crēdēbant

faciō		
一人称	faciēbam	faciēbāmus
二人称	faciēbās	faciēbātis
三人称	faciēbat	faciēbant

veniō		
一人称	veniēbam	veniēbāmus
二人称	veniēbās	veniēbātis
三人称	veniēbat	veniēbant

sum		
一人称	eram	erāmus
二人称	erās	erātis
三人称	erat	erant

Nondum amābam, et amāre amābam.
ノンドゥム　アマーバム　エト　アマーレ　アマーバム

私はまだ恋は知らなかったが，恋することを恋していた（アウグスティヌス）
I was not yet in love, and I loved to be in love.
nondum 副 まだ…ない

Māteriam superābat opus.
マーテリアム　スペラーバト　オプス

技量が素材に優っていた（オウィディウス）
The workmanship was better than the subject matter.
māteriam 女単対 ⇒ māteria 素材，材料／superābat《未完了過去》三単 ⇒ superō, superāre 優る／opus 中単主 作品，技量

Stābat māter dolōrōsa
悲しみの母（聖母マリア）は立っていた（カトリック教会聖歌）
The mother stood sorrowing,
stābat《未完了過去》三単⇒stō, stāre 立つ, 立っている／māter 女単主 母／dolōrōsa 形女単主⇒dolōrōsus 悲しみに満ちた

juxtā crucem lacrimōsa,
十字架の傍らで涙にくれながら　by the cross, weeping
juxtā 前…に接して（＋対格）／crucem 女単対⇒crux 十字架／lacrimōsa 形女単主⇒lacrimōsus 泣いている

dum pendēbat Fīlius.
息子（イエス）がはりつけになっている間　while her Son hung there.
dum 接…する間に／pendēbat《未完了過去》三単⇒pendō, pendēre つるされる／fīlius 男単主 息子

Hoc erat in vōtīs.
これが私の念願だった（ホラティウス）　This is what I wished for.
hoc 中単主 これ　vōtīs 中複奪⇒vōtum 願望

In principiō erat Verbum,

初めに言葉があった（新約聖書「ヨハネによる福音書」1:1）
In the beginning was the Word,
principiō 中単奪⇒principium 初め／verbum 中単主 言葉

et Verbum erat apud Deum,

言葉は神のもとにあった　and the Word was with God,
apud 前…のもとに（＋対格）／Deum 男単対⇒Deus 神

et Deus erat Verbum.
言葉は神であった　and the Word was God.

32　未来

ラテン語の未来は動詞の語尾を次のように変化させて作ります．ラテン語の未来形は命令を表すことがあります．

amō	単数	複数
一人称	amābō	amābimus
二人称	amābis	amābitis
三人称	amābit	amābunt

dīcō	単数	複数
一人称	dīcam	dīcēmus
二人称	dīcēs	dīcētis
三人称	dīcet	dīcent

veniō	単数	複数
一人称	veniam	veniēmus
二人称	veniēs	veniētis
三人称	veniet	venient

habeō	単数	複数
一人称	habēbō	habēbimus
二人称	habēbis	habēbitis
三人称	habēbit	habēbunt

faciō	単数	複数
一人称	faciam	faciēmus
二人称	faciēs	faciētis
三人称	faciet	facient

sum	単数	複数
一人称	erō	erimus
二人称	eris	eritis
三人称	erit	erunt

Vēritās vōs līberābit.
（ウェーリタース　ウォース　リーベラービト）

真理はあなたたちを自由にするだろう（新約聖書「ヨハネによる福音書」8:32）
The truth shall make you free.
vēritās 女単主 真理／vōs《人称》代二複対 あなたたちを／līberābit《未来》三単 ⇨ līberō, līberāre 自由にする

Dīves difficile intrābit in regnum caelōrum.
（ディーウェス　ディッフィキレ　イントラービト　イン　レグヌム　カエロールム）

金持ちが天国に入るのは難しいだろう（新約聖書「マタイによる福音書」19:23）
It is hard for someone who is rich to enter the kingdom of heaven.
dīves 形男単主 金持ちの／difficile 副 …しがたい／intrābit《未来》三単 ⇨ intrō, intrāre 入る／regnum 中単対 ⇨ regnum 王国／caelōrum 中複属 ⇨ caelum 天／regnum caelōrum 天国

Quid bibēmus?
クィド　ビベームス

私たちは何を飲めばいいのか（旧約聖書「出エジプト記」15:24）　What shall we drink?
quid 何を／ bibēmus《未来》一複⇒ bibō, bibere 飲む

Aut viam inveniam aut faciam.
アウト　ウィアム　インウェニアム　アウト　ファキアム

道を見つけるか，作るかどちらかだ（ハンニバル）　I will either find a way, or make one.
aut 接 あるいは／ aut... aut... あるいは…あるいは…／ viam 女単対⇒ via 道／ inveniam《未来》一単⇒ inveniō, invenīre 見つける／ faciam《未来》一単⇒ faciō, facere 作る

Animō imperābit sapiens, stultus serviet.
アニモー　インペラービト　サピエンス　ストゥルトゥス　セルウィエト

賢者は心を支配し，愚者は心に従属する（シュルス）
The wise man will rule his thoughts; the fool will be their slave.
animō 男単与⇒ animus 心／ imperābit《未来》三単⇒ imperō, imperāre …を支配する（＋与格）／ sapiens 男単主　賢者／ stultus 男単主　愚者／ serviet《未来》三単⇒ serviō, servīre …に服従する（＋与格）

Tū fuī, ego eris.
トゥー　フイー　エゴ　エリス

私（死者）はあなた（生者）だった，あなた（生者）は私（死者）になるだろう（墓に刻まれた言葉）　I was you, you will be me.
fuī《完了》一単⇒ sum, esse …である

Eritis sīcut Deus scientēs bonum et malum.
エリティス　スィークト　デウス　スキエンテース　ボヌム　エト　マルム

あなたたちは善と悪を知って神のようになるだろう（旧約聖書「創世記」3:5）
You shall be as God, knowing good and evil.
sīcut 副 …のように／ Deus 男単主 神／ scientēs …を知って／ bonum 中単対⇒ bonum 善／ malum 中単対⇒ malum 悪

Nōn occidēs.
ノーン　オッキデース

あなたは殺してはならない（旧約聖書「出エジプト記」20:13）　You shall not murder.
nōn 副 …ない／ occidēs《未来》二単⇒ occidō, occidere 殺す

33　比較級と最上級

形容詞の比較級と最上級は語尾を差し替えて作ります．比較級では語尾が -ior（男性形と女性形）または -ius（中性形）となり，最上級では原則として -issimus（男性形），-issima（女性形），-issimum（中性形）をつけます．例外として，-er で終わる形容詞の最上級の語尾は -errimus となり，facilis などの -ilis で終わるいくつかの形容詞の最上級の語尾は -illimus となります．比較の対象は奪格または quam（…よりも）で表されます．

原級	比較級	最上級
altus（高い）	altior 男女　altius 中	altissimus, -a, -um
longus（長い）	longior 男女　longius 中	longissimus, -a, -um
fortis（強い）	fortior 男女　fortius 中	fortissimus, -a, -um
celer（速い）	celerior 男女　celerius 中	celerrimus, -a, -um
facilis（簡単な）	facilior 男女　facilius 中	facillimus, -a, -um

カラムス　グラディオー　フォルティオル
Calamus gladiō fortior.
ペンは剣より強し　The pen is mightier than the sword.
calamus 男単主　ペン／gladiō 男単奪 ⇒ gladius 剣

ファーマー　ニヒル　エスト　ケレリウス
Fāmā nihil est celerius.
噂より迅速なものはない　Nothing is swifter than rumor.
fāmā 女単奪 ⇒ fāma 噂／nihil《不変》中 何も…ない

ドロル　アニミー　グラウィオル　エスト　クァム　コルポリス
Dolor animī gravior est quam corporis.

心の痛みは体の痛みよりも重い　Anguish of mind is more severe than pain of body.
dolor 男単主 痛み／animī 男単属 ⇒ animus 心／gravior《比較級》形男主 ⇒ gravis 重い／quam 接 …よりも／corporis 中単属 ⇒ corpus 体

次の形容詞の比較級と最上級は不規則な形を取ります．

原級	比較級		最上級
magnus（大きい）	major 男女	majus 中	maximus, -a, -um
parvus（小さい）	minor 男女	minus 中	minimus, -a, -um
bonus（よい）	melior 男女	melius 中	optimus, -a, -um
malus（悪い）	pejor 男女	pejus 中	pessimus, -a, -um
multus（多量の）	———	plūs 中	plūrimus, -a, -um
multī（多数の）	plūrēs 男女	plūra 中	plūrimī, -ae, -a

副詞の比較級の語尾は -ius，最上級の語尾は -issimē です．

原級	比較級	最上級
cito（速く）	citius	citissimē
altē（高く）	altius	altissimē
fortiter（強く）	fortius	fortissimē

Ad Majōrem Deī Glōriam
アド　マイヨーレム　デイー　グローリアム

神のより大いなる栄光のために（イエズス会の標語）　For the greater glory of God
ad 前 …のために（＋対格）／ Deī 男単属 ⇒ Deus 神／ glōriam 女単対 ⇒ glōria 栄光

Ūsus magister est optimus.
ウースス　マギステル　エスト　オプティムス

経験は最もよい教師である　Experience is the best teacher.
ūsus 男単主 経験／ magister 男単主 教師

Pax melior est quam justissimum bellum.
パクス　メリオル　エスト　クァム　ユスティッスィムム　ベッルム

平和は最も正しい戦争よりもよい　Peace is better than the most just war.
pax 女単主 平和／ justissimum《最上級》形中単主 ⇒ justus 正当な／ bellum 中単主 戦争

Citius, Altius, Fortius
キティウス　アルティウス　フォルティウス

より速く，より高く，より強く（オリンピックのモットー）　Faster, Higher, Stronger

34 疑問代名詞

疑問代名詞 quis「誰」と quid「何」は次のように変化します.

	単数		複数		
	男女性	中性	男性	女性	中性
主格	quis	quid	quī	quae	quae
属格	cujus	cujus	quōrum	quārum	quōrum
与格	cuī	cuī	quibus	quibus	quibus
対格	quem	quid	quōs	quās	quae
奪格	quō	quō	quibus	quibus	quibus

Quis es tū?
あなたは誰ですか　Who are you?
es《現在》二単⇒sum, esse …である

Quis custōdiet ipsōs custōdēs?
誰が見張り役自身を見張るのだろうか（ユウェナリス）
Who will guard the guards themselves?
custōdiet《未来》三単⇒custōdiō, custōdīre 見張る／ipsōs《強意》代男複対⇒ipse 自身／custōdēs 男複対⇒custōs 見張り人

Quem quaeritis?
あなたたちは誰を探していますか　Who are you looking for?
quaeritis《現在》二複⇒quaerō, quaerere 探す

Quid est vēritās?
真理とは何か（新約聖書「ヨハネによる福音書」18:38）　What is truth?
vēritās 女単主 真理

Quid agis?
お元気ですか　How are you?（文字通りには What are you doing?）
agis《現在》二単⇒agō, agere 行う

35 疑問副詞

ラテン語の疑問副詞には次のようなものがあります．

cur, quārē なぜ

Quārē īrātus es?
クァーレー　イーラートゥス　エス

なぜお前は怒っているのか（旧約聖書「創世記」4:6）　Why are you angry?
īrātus 形男単主 怒った

ubi どこ

Ubi est Abēl frāter tuus?
ウビ　エスト　アベール　フラーテル　トゥウス

お前の弟アベルはどこにいるか（旧約聖書「創世記」4:9）
Where is Abel your brother?
Abēl《不変》アベル（男性名）／frāter 男単主 兄弟／tuus《所有》形男単主 あなたの

quō どこへ

Quō vādis, Domine?
クォー　ウァーディス　ドミネ

主よ，どこに行くのですか（新約聖書「ヨハネによる福音書」13:36）
Lord, where are you going?
vādis《現在》二単⇒vādō, vādere 行く／domine 男単呼⇒dominus 主

unde どこから

Unde es tū?
ウンデ　エス　トゥー

お前はどこから来たのか　Where are you from?

quandō いつ

Quandō hūc vēnisti?
クァンドー　フーク　ウェーニスティ

いつここに来たのですか　When did you come here?
hūc 副 ここへ／vēnisti《完了》二単⇒veniō, venīre 来る

36 関係代名詞

ラテン語の関係代名詞の性と数は先行詞の性と数によって決まります．また，関係代名詞は単体で「…する人」「…するもの」という意味を表すことができます．

		男性	女性	中性		男性	女性	中性
主	単数	quī	quae	quod	複数	quī	quae	quae
属		cujus	cujus	cujus		quōrum	quārum	quōrum
与		cuī	cuī	cuī		quibus	quibus	quibus
対		quem	quam	quod		quōs	quās	quae
奪		quō	quā	quō		quibus	quibus	quibus

ベアートゥス ホモー クィー インウェニト サピエンティアム
Beātus homō quī invenit sapientiam.

知恵を見いだす人は幸いである　Blessed is the one who finds wisdom.
beātus 形男単主 幸福な／homō 男単主 人／invenit《現在》三単⇒inveniō, invenīre 発見する／sapientiam 女単対⇒sapientia 知恵

ノーン オムネ クォド ニテト アウルム エスト
Nōn omne quod nitet aurum est.

輝くものすべてが黄金であるわけではない　All that glitters is not gold.
omne 中単主 すべてのもの／nitet《現在》三単⇒niteō, nitēre 輝く／aurum 中単主 黄金

クィー ベネ アマト ベネ カスティガト
Quī bene amat, bene castigat.

深く愛する者は強くこらしめる　Who loves well castigates well.
bene 副 よく／amat《現在》三単⇒amō, amāre 愛する／castigat《現在》三単⇒castigō, castigāre 罰する

Beātī, quī lūgent.

悲しむ人々は幸いである（新約聖書「マタイによる福音書」5:4）
Blessed are those that mourn.
beātī 形男複主 ⇒ beātus 幸福な／lūgent《現在》三複 ⇒ lūgeō, lūgēre 悲しむ，嘆く

Quī multum habet, plūs cupit.

多く持つ者はより多くを求める（セネカ）He who has much desires more.
multum 副 多く／habet《現在》三単 ⇒ habeō, habēre 持つ／plūs 副 より多く

Ego sum quī sum.

私は「ある」というものだ（旧約聖書「出エジプト記」3:14）I am who I am.

Hominēs id quod volunt crēdunt.

人は信じたいと思っていることを信じるものだ（カエサル）
Men believe what they want to.
hominēs 男複主 ⇒ homō 人／id《指示》代中対 quod の先行詞／volunt《現在》三複 ⇒ volō, velle 欲する／crēdunt《現在》三複 ⇒ crēdō, crēdere 信じる

Stultum facit Fortūna, quem vult perdere.

運命の女神は，破滅させたいと思っている者を愚かにする（シュルス）
Whom Fortune wants to ruin, she makes a fool.
stultum 形男単対 ⇒ stultus 愚かな／facit《現在》三単 ⇒ faciō, facere …を…にする／quem 男単対 先行詞はない／vult《現在》三単 ⇒ volō, velle 欲する；主語は Fortūna／perdere ⇒ perdō 破滅させる

status quō

現状　the state in which
status 男単主　状態，状況

37　動名詞

ラテン語の動名詞は「…すること」という意味を表す動詞的名詞です．動名詞は次のように変化します．なお動名詞に主格と呼格はありません．動名詞は副詞に修飾されることができます．また目的語を取ることもできます．

	amō	habeō	dīcō	faciō	audiō
属格 (…することの)	amandī	habendī	dīcendī	faciendī	audiendī
与格 (…することに)	amandō	habendō	dīcendō	faciendō	audiendō
対格 (ad+対格 …するために)	amandum	habendum	dīcendum	faciendum	audiendum
奪格 (…することによって)	amandō	habendō	dīcendō	faciendō	audiendō

ars dīcendī
アルス ディーケンディー

話すことの技術　art of speaking
ars 女単主 技術

modus vīvendī
モドゥス ウィーウェンディー

生き方　mode of living
modus 男単主 方法／vīvendi《動名詞》属⇒vīvō, vīvere 生きる

Timendī causa est nescīre.
ティメンディー カウサ エスト ネスキーレ

知らないことが恐れの原因である（セネカ）　Ignorance is the cause of fear.
timendī《動名詞》属⇒timeō, timere 恐れる／causa 女単主 原因／nescīre ⇒ nesciō 知らない

Nihil agendō, hominēs male agere discunt.
ニヒル アゲンドー ホミネース マレ アゲレ ディスクント

何もしないことによって人は悪事をすることを学ぶ（シュルス）
By doing nothing men learn to act wickedly.
nihil《不変》中 何も…ない／agendō《動名詞》奪⇒agō, agere 行う／hominēs 男複 主⇒homō 人／male 副 悪く／discunt《現在》三複⇒discō, discere 学ぶ

38 動形容詞

動形容詞は「…されるべき」という意味の動詞的形容詞です．動形容詞は形容詞のbonus, bona, bonum（よい）と同じ変化をします．動形容詞は名詞的に使われることもあります．

現在一人称単数	amō	habeō	dīcō	faciō	audiō
動形容詞	amandus	habendus	dīcendus	faciendus	audiendus

addendum
アッ**デン**ドゥム

付加物　a thing to be added
addendum《動形容詞》中単主⇒addō, addere 付け加える

agenda
ア**ゲン**ダ

課題，議題　things to be done
agenda《動形容詞》中複主⇒agō, agere 行う

Carthāgo dēlenda est.
カル**ター**ゴ　デー**レン**ダ　**エス**ト

カルタゴは破壊されるべきである　Carthage must be destroyed.
Carthāgo 女主 カルタゴ（現在のチュニジア）／dēlenda《動形容詞》女単主⇒dēleō, dēlēre 破壊する

Pacta sunt servanda.
パクタ　**スン**ト　セル**ウァン**ダ

合意は守られなければならない　Agreements must be kept.
pacta 中複主⇒pactum 協定／servanda《動形容詞》中複主⇒servō, servāre 守る

Nunc est bibendum.
ヌンク　**エス**ト　ビ**ベン**ドゥム

今こそ飲むべし（ホラティウス）　Now is the time for drinking.
nunc 副 今／bibendum《動形容詞》中単主⇒bibō, bibere 飲む，飲酒する／動形容詞中性単数＋est …するべきである

39　現在分詞

ラテン語の現在分詞は「…している」という意味を表し，次のように作ります．現在分詞は名詞的に用いられることもあります．

現在一人称単数	amō	habeō	dīcō	faciō	audiō
現在分詞	amāns	habēns	dīcēns	faciēns	audiēns

現在分詞は次のように変化します．

	単数		複数	
	男女性	中性	男女性	中性
主（呼）	amāns	amāns	amantēs	amantia
属	amantis	amantis	amantium	amantium
与	amantī	amantī	amantibus	amantibus
対	amantem	amāns	amantēs	amantia
奪	amante(-ī)	amante(-ī)	amantibus	amantibus

Amantēs, āmentēs.
アマンテース　アーメンテース

恋する者に正気なし（テレンティウス）　Lovers, lunatics.
amantēs《現在分詞》男複主⇒amō, amāre 恋する／āmentēs 形男複主⇒āmens 正気でない

homō lūdēns
ホモー　ルーデーンス

遊ぶ人（遊びが人間文化の本質であると考えたオランダの歴史家ホイジンガの用語）
playing man
homō 男単主 人間／lūdēns《現在分詞》男単主⇒lūdō, lūdere 遊ぶ

nōlēns volēns
ノーレーンス　ウォレーンス

否が応でも　whether willing or unwilling
nōlēns《現在分詞》男単主⇒nōlō, nolle 欲しない／volēns《現在分詞》男単主⇒volō, velle 欲する

vox clāmantis in dēsertō
<small>ウォクス　クラーマンティス　イン　デーセルトー</small>

荒れ野で叫ぶ者の声（新約聖書「マルコによる福音書」1:3）
the voice of one crying in the wilderness
vox 女単主 声／clāmantis《現在分詞》男単属⇒clāmō, clāmāre 叫ぶ／dēsertō 中単奪⇒dēsertum 荒れ野

Nihil difficile amantī.
<small>ニヒル　ディッフィキレ　アマンティー</small>

恋する者には何も困難ではない（キケロ）　Nothing is difficult for a lover.
nihil《不変》中 何も…ない／difficile 形中単主⇒difficilis 困難な／amantī《現在分詞》男単与⇒amō, amāre 恋する

Juppiter ex altō perjūria rīdet amantium.
<small>ユッピテル　エクス　アルトー　ペルユーリア　リーデト　アマンティウム</small>

ユピテルは高みから恋人たちの空約束を笑っている（オウィディウス）
Jupiter from on high laughs at the perjuries of lovers.
Juppiter 男単主 ユピテル, ジュピター／ex 前 …から（＋奪格）／altō 中単奪⇒altum 高み／perjūria 中複対⇒perjūrium 偽りの誓い／rīdet《現在》三単⇒rīdeō, rīdēre 笑う／amantium《現在分詞》男複属⇒amō, amāre 恋する（perjūria にかかる）

Dūcunt volentem fāta, nōlentem trahunt.
<small>ドゥークント　ウォレンテム　ファータ　ノーレンテム　トラフント</small>

運命は意欲のある者を導き，意欲のない者を引きずる（セネカ）
The fates lead the willing and drag the unwilling.
dūcunt《現在》三複⇒dūcō, dūcere 導く／volentem《現在分詞》男単対⇒volō, velle 欲する／fāta 中複主⇒fātum 運命／nōlentem《現在分詞》男単対⇒nōlō, nōlle 欲しない／trahunt《現在》三複⇒trahō, trahere 引っ張る

Haec tibi scrībō spērāns venīre ad tē cito.
<small>ハエク　ティビ　スクリーボー　スペーラーンス　ウェニーレ　アド　テー　キト</small>

私はあなたのところに早く行きたいと思いながらこれらのことをあなたに書いている（新約聖書「テモテへの手紙 一」3:14）
I am writing these things to you, hoping to come to you before long.
haec《指示》代中複対⇒hic これ／tibi《人称》代二単与 あなたに／scrībō《現在》一単⇒scrībere 書く／spērāns《現在分詞》男単主⇒spērō, spērāre 希望する／venīre 来る／ad 前 …の方に（＋対格）／tē 代二単対／cito 副 早く

40　接続法現在

接続法とは「…しよう」「…であるように」などの意味を表す動詞の形です．接続法現在は次のように変化します．

amō	単数	複数
一人称	amem	amēmus
二人称	amēs	amētis
三人称	amet	ament

vīvō	単数	複数
一人称	vīvam	vīvāmus
二人称	vīvās	vīvātis
三人称	vīvat	vīvant

audiō	単数	複数
一人称	audiam	audiāmus
二人称	audiās	audiātis
三人称	audiat	audiant

habeō	単数	複数
一人称	habeam	habeāmus
二人称	habeās	habeātis
三人称	habeat	habeant

faciō	単数	複数
一人称	faciam	faciāmus
二人称	faciās	faciātis
三人称	faciat	faciant

sum	単数	複数
一人称	sim	sīmus
二人称	sīs	sītis
三人称	sit	sint

Vīvāmus, mea Lesbia, atque amēmus.
（ウィーウァームス　メア　レスビア　アトクェ　アメームス）

生きよう，私のレスビア，そして愛し合おう（カトゥルス）
Let us live, my Lesbia, and let us love.
vīvāmus《接続法現在》一複⇒vīvō, vīvere 生きる／Lesbia 女主 レスビア（女性名）／atque 接 さらに／amēmus《接続法現在》一複⇒amō, amāre 愛する

Caveat emptor.
（カウェアト　エンプトル）

買い手は用心すること（買い手危険負担）　Let the buyer beware.
caveat《接続法現在》三単⇒caveō, cavēre 警戒する，用心する／emptor 男単主 買い手

Vīvat rēx!
ウィーウァト レークス

王様万歳　Long live the king!
vīvat《接続法現在》三単⇒vīvō, vīvere 生きる／rēx 男単主 王

Requiescat in pāce.
レクィエスカト イン パーケ

安らかに眠れ（墓碑銘，R.I.P. と略記）　May he (she) rest in peace.
requiescat《接続法現在》三単⇒requiescō, requiescere 休む／pāce 女単奪⇒pax 平安

Omnia vincit Amor et nōs cēdāmus Amōrī.
オムニア ウィンキト アモル エト ノース ケーダームス アモーリー

愛の神は万物を打ち負かす．だから我々も愛の神には屈服しよう（ウェルギリウス）
Love conquers all; let us, too, yield to love.
omnia 中複対⇒omne すべてのもの／vincit《現在》三単⇒vincō, vincere 打ち負かす／Amor 男単主 愛の神／cēdāmus《接続法現在》一複⇒cēdō, cēdere …に譲歩する，屈服する（＋与格）／Amōrī 男単与⇒Amor

Arma togae cēdant.
アルマ トガエ ケーダント

武器は平服に譲るべし（武官は文官に譲るべし）　Let arms yield to the toga.
arma 中複主 武器／togae 女単与⇒toga トガ（ローマ人男性の平時の服）／cēdant《接続法現在》三複⇒cēdō, cēdere …に譲歩する（＋与格）

Quī habet aurēs, audiat.
クィー ハベト アウレース アウディアト

耳のある者は聞きなさい（新約聖書「マタイによる福音書」11:15）
He who has ears to hear, let him hear.
quī《関係》代男単主 …する人／habet《現在》三単⇒habeō, habēre 持つ／aurēs 女複対⇒auris 耳／audiat《接続法現在》三単⇒audiō, audīre 聞く

Sit tibi terra levis!
スィト ティビ テッラ レウィス

土があなたに対して軽くなるように（墓に刻まれた言葉）
May the earth be light upon you.
sit《接続法現在》三単⇒sum, esse …である／terra 女単主 大地，土／levis 形女単主 軽い

41 受動態現在

ラテン語の受動態は語尾を変化させて作ります．現在形は次の通りです．また，不定詞の語尾は -rī あるいは -ī となります．

	amō	habeō	agō	capiō	audiō
一人称単数	amor	habeor	agor	capior	audior
二人称単数	amāris	habēris	ageris	caperis	audīris
三人称単数	amātur	habētur	agitur	capitur	audītur
一人称複数	amāmur	habēmur	agimur	capimur	audīmur
二人称複数	amāminī	habēminī	agiminī	capiminī	audīminī
三人称複数	amantur	habentur	aguntur	capiuntur	audiuntur
不定詞	amārī	habērī	agī	capī	audīrī

Sī vīs amārī, amā.
スィーウィース アマーリー アマー

愛されたいなら愛しなさい（セネカ）　If you wish to be loved, love.
sī《接》もし…なら／vīs《現在》二単⇒volō, velle…したい／amārī《受動態不定詞》愛される／amā《命令》二単⇒amō, amāre 愛する

Probitās laudātur et alget.
プロビタース ラウダートゥル エト アルゲト

正直は賞賛はされるが冷遇される（ユウェナリス）
Integrity is praised and is left out in the cold.
probitās《女単主》正直／laudātur《受動態現在》三単⇒laudō, laudāre 賞賛する／et《接》しかし同時に／alget《現在》三単⇒algeō, algēre 凍える，無視される

Amor tussisque nōn cēlantur.
アモル トゥッスィスクェ ノーン ケーラントゥル

愛と咳は隠されない（オウィディウス）　Love and cough are not concealed.
amor《男単主》愛／tussis《女単主》咳／…que …と…／amor tussisque 愛と咳／cēlantur《受動態現在》三複⇒cēlō, cēlāre 隠す

Possunt, quia posse videntur.
ポッスント　クィア　ポッセ　ウィデントゥル

彼らは，できそうだからできる（ウェルギリウス）
They are able because they seem to be able.
possunt《現在》三複⇒possum, posse…できる／quia 接 なぜなら／videntur《受動態現在》三複⇒videō, vidēre（受動態で）…であるように思える

Fluctuat nec mergitur.
フルクトゥアト　ネク　メルギトゥル

たゆたえども沈まず（パリ市の標語）　It is tossed by the waves but does not sink.
fluctuat《現在》三単⇒fluctuō, fluctuāre ゆらゆら揺れる／nec 接 そして…でない／mergitur《受動態現在》三単⇒mergō, mergere（受動態で）沈む

Amīcus certus in rē incertā cernitur.
アミークス　ケルトゥス　イン　レー　インケルター　ケルニトゥル

確かな友人は不確かな状況で見分けられる（キケロ）
A certain friend is seen in an uncertain matter.
amīcus 男単主 友人／certus 形男単主 確かな／in 前 …において（＋奪格）／rē 女単奪⇒rēs 状況／incertā 形女単奪⇒incertus 不確かな／cernitur《受動態現在》三単⇒cernō, cernere 見分ける

Ē fructū arbor cognoscitur.
エー　フルクトゥー　アルボル　コグノスキトゥル

木は果実によって知られる　The tree can be recognized by its fruits.
ē 前 …によって（＋奪格）／fructū 男単奪⇒fructus 果実／arbor 女単主 樹木／cognoscitur《受動態現在》三単⇒cognoscō, cognoscere 知る

42　受動態未完了過去

受動態の未完了過去は次のように変化します．

	amō	habeō	agō	capiō	audiō
一人称単数	amābar	habēbar	agēbar	capiēbar	audiēbar
二人称単数	amābāris	habēbāris	agēbāris	capiēbāris	audiēbāris
三人称単数	amābātur	habēbātur	agēbātur	capiēbātur	audiēbātur
一人称複数	amābāmur	habēbāmur	agēbāmur	capiēbāmur	audiēbāmur
二人称複数	amābāminī	habēbāminī	agēbāminī	capiēbāminī	audiēbāminī
三人称複数	amābantur	habēbantur	agēbantur	capiēbantur	audiēbantur

Bellum confectum vidēbātur.

戦争は終わったように思えた　The war was thought to be at an end.
bellum 中単主 戦争／ confectum《完了分詞》中単主 終わった／ vidēbātur《受動態未完了過去》三単⇒videō, vidēre（受動態で）思われる

Multiplicābātur numerus discipulōrum in Jerusalem valdē.

エルサレムで弟子の数が著しく増えていった（新約聖書「使徒言行録」6:7）
The number of the disciples continued to increase greatly in Jerusalem.
multiplicābātur《受動態未完了過去》三単⇒multiplicō, multiplicāre 増やす／ numerus 男単主 数／ discipulōrum 男複属⇒discipulus 弟子／ valdē 副 著しく

43 受動態未来

受動態の未来形は次のように変化します．

	amō	habeō	agō	capiō	audiō
一人称単数	amābor	habēbor	agar	capiar	audiar
二人称単数	amāberis	habēberis	agēris	capiēris	audiēris
三人称単数	amābitur	habēbitur	agētur	capiētur	audiētur
一人称複数	amābimur	habēbimur	agēmur	capiēmur	audiēmur
二人称複数	amābiminī	habēbiminī	agēminī	capiēminī	audiēminī
三人称複数	amābuntur	habēbuntur	agentur	capientur	audientur

ペティテ エト ダビトゥル ウォービース
Petite, et dabitur vōbīs.

求めなさい，そうすればあなた方に与えられるだろう（新約聖書「マタイによる福音書」7:7）　Ask, and it will be given to you.
petite《命令》二複⇒petō, petere 求める／dabitur《受動態未来》三単⇒dō, dare 与える

プルサーテ エト アペリエートゥル ウォービース
Pulsāte et aperiētur vōbīs.

（扉を）たたけ，そうすればあなた方に（扉が）開けられるだろう（新約聖書「マタイによる福音書」7:7）　Knock, and it will be opened to you.
pulsāte《命令》二複⇒pulsō, pulsāre たたく／aperiētur《受動態未来》三単⇒aperiō, aperīre 開ける

ドムス メア ドムス オーラーティオーニス ウォカービトゥル
Domus mea domus ōrātiōnis vocābitur.

私の家は祈りの家と呼ばれるべきである（新約聖書「マタイによる福音書」21:13）
My house shall be called a house of prayer.
domus 女単主 家／mea《所有》形女単主⇒meus 私の／ōrātiōnis 女単属⇒ōrātiō 祈り／vocābitur《受動態未来》三単⇒vocō, vocāre 呼ぶ

44 　受　動　態　完　了

受動態の完了（「…された」，「…し終えられた」）は「完了分詞＋sum」という形を取ります．辞書に完了分詞の中性形が出ています．主な動詞の完了分詞の中性形は以下の通りです．

現在一人称単数	amō	habeō	dīcō	faciō	audiō
完了分詞中性形	amātum	habitum	dictum	factum	audītum

完了分詞は主語の性と数に応じて bonus と同様に変化します．

	男性主格	女性主格	中性主格
単数	amātus	amāta	amātum
複数	amātī	amātae	amāta

Ālea jacta est.
アーレア　ヤクタ　エスト

さいころは投げられた（カエサル）　The die is cast.
ālea 女単主 さいころ／jacta《完了分詞》女単主 ⇒ jaciō, jacere 投げる

Plaudite, acta est fābula.
プラウディテ　アクタ　エスト　ファーブラ

諸君拍手を，芝居は終わった（ローマ帝国初代皇帝アウグストゥスの臨終の台詞）
The play is over, applaud.
plaudite《命令》二複 ⇒ plaudō, plaudere 拍手喝采する／acta《完了分詞》女単主 ⇒ agō, agere 行う／fābula 女単主 劇，芝居

Nōn ūnō diē Rōma aedificāta est.
ノーン　ウーノー　ディエー　ローマ　アエディフィカータ　エスト

ローマは一日にしてならず　Rome was not built in one day.
ūnō 形男単奪 ⇒ ūnus 一つの／diē 男単奪 ⇒ diēs 日／ūnō diē 一日で／Rōma 女主 ローマ／aedificāta《完了分詞》女単主 ⇒ aedificō, aedificāre 建設する

他動詞の完了分詞は受動の意味を持ちます．

ウィルトゥース　ラウダータ　クレスキト
Virtūs laudāta crescit.

徳はほめられて成長する　Virtue thrives when commended.
virtūs 女単主 美徳／laudāta《完了分詞》女単主⇒laudō, laudāre ほめる／crescit《現在》三単⇒crescō, crescere 成長する

アブ　ウルベ　コンディター　リブリー
Ab urbe conditā librī

「ローマ建国史」（リウィウス著）　Books since the city's founding
ab 前 …から（＋奪格）／urbe 女単奪⇒urbs 都市／conditā《完了分詞》女単奪⇒condō, condere 創設する／librī 男複主⇒liber 本

完了分詞が形容詞的に用いられ，「完了分詞＋sum」が現在の状態を表すことがあります．

ガッリア　エスト　オムニス　ディーウィーサ　イン　パルテース　トレース
Gallia est omnis dīvīsa in partēs trēs.

ガリア全体は三つの部分に分かれている（カエサル）
All Gaul is divided into three parts.
Gallia 女主 ガリア（現在のフランス，ベルギー，スイスおよびドイツとオランダの一部に渡る地域）／omnis 形女単主 全体の／dīvīsa《完了分詞》女単主⇒dīvidō, dīvidere 分割する／partēs 女複対⇒pars 部分／trēs 形女複対 三つの

ムルティー　エニム　スント　ウォカーティー　パウキー　ウェーロー　エーレクティー
Multī enim sunt vocātī, paucī vērō ēlectī.

なるほど招かれる者は多いが，選ばれる者は少ない（新約聖書「マタイによる福音書」22:14）　For many are called, but few are chosen.
multī 形男複主⇒multus 多い／enim 接 確かに／sunt《現在》三複⇒sum, esse …である／vocātī《完了分詞》男複主⇒vocō, vocāre 招待する／paucī 形男複主⇒paucus 少ない／vērō 副 しかしながら／ēlectī《完了分詞》男複主⇒ēligō, ēligere 選ぶ

45 形式受動態動詞

ラテン語には，意味は能動であるにもかかわらず，変化形式が受動態である動詞があります．このような動詞を形式受動態動詞と呼びます．形式受動態動詞には次のような動詞があります．

現在一人称単数	意味	不定詞	現在完了
admīror	驚く	admīrārī	admīrātus sum
cōnfiteor	告白する	cōnfitērī	cōnfessus sum
loquor	話す	loquī	locūtus sum
morior	死ぬ	morī	mortuus sum
mentior	嘘をつく	mentīrī	mentītus sum

nīl admīrārī
ニール　アドミーラーリー

何事にも驚かない（ホラティウス）　to wonder at nothing
nīl《不変》中 何も…ない

Cōnfiteor Deō omnipotentī.
コンフィテオル　デオー　オムニポテンティー

私は全能の神に告白する（ミサの一文）　I confess to almighty God.
Deō 男単与 ⇒ Deus 神／omnipotentī 形男単与 ⇒ omnipotens 全能の

Deus misereātur nostrī.
デウス　ミセレアートゥル　ノストリー

神が私たちを憐れみ給わんことを（旧約聖書「詩編」67:2）
God be gracious to us.
misereātur《形式受動態動詞接続法現在》三単 ⇒ misereor, miserērī …を憐れむ（＋属格）／nostrī《人称》代一複属 ⇒ nōs 私たち

Dum loquor, hōra fugit.
私が話をしている間にも時は逃げていく（オウィディウス）
While I am speaking, time is fleeing.
dum 接 …する間／ hōra 女単主 時，時間／ fugit《現在》三単⇒ fugiō, fugere 逃げる

Rēs ipsa loquitur.
事実そのものが語る　The thing speaks for itself.
rēs 女単主 事実／ ipsa《強意》代女単主⇒ ipse 自身／ loquitur《形式受動態動詞接続法現在》三単⇒ loquor, loquī 話す

Mementō morī.
（自分が）死ぬことを忘れるな　Remember that you must die.
mementō 覚えていなさい

Quem dī dīligunt adulescens moritur.

神々が愛する者は若くして死ぬ（プラウトゥス）
Whom the gods love die young.
quem《関係》代男単対 …が…する人／ dī 男複主⇒ deus 神／ dīligunt《現在》三複⇒ dīligō, dīligere 愛する／ adulescens 形男単主 若い

Vitiīs nēmō sine nascitur.

欠点なしに生まれる者はいない（ホラティウス）　No one is born without faults.
vitiīs 中複奪⇒ vitium 欠点／ nēmō 誰も…ない／ sine 前 …なしに（＋奪格）／ nascitur《形式受動態動詞接続法現在》三単⇒ nascor, nascī 生まれる

Spem metus sequitur.
恐れは希望の後に来る（セネカ）　Fear follows hope.
spem 女単対⇒ spēs 希望／ metus 男単主 恐れ／ sequitur《形式受動態動詞接続法現在》三単⇒ sequor, sequī …に続く，…に続いて起こる

46 賢者たちの言葉

これまで学んだラテン語文法の知識を応用して，古代ギリシャから近代までの賢者たちの言葉を読んでみましょう．

Nosce tē ipsum.
（ノスケ テー イプスム）
汝自身を知れ　Know thyself.
nosce《命令》二単⇒noscō, noscere 知る／tē《人称》代二単対／ipsum《強意》代単対⇒ipse 自身

Errāre hūmānum est.
（エッラーレ フーマーヌム エスト）
間違うことは人間的だ　To err is human.
errāre⇒errō 間違える／hūmānum 形中単主⇒hūmānus 人間的な

Vīvere est mīlitāre.
（ウィーウェレ エスト ミーリターレ）
生きることは戦うことだ（セネカ）　To live is to fight.
vīvere⇒vīvō 生きる／mīlitāre⇒mīlitō 戦う

Dum spīrō, spērō.
（ドゥム スピーロー スペーロー）
私は息をする限り希望を持つ　While I breathe, I hope.
dum 接 …する間／spīrō《現在》一単⇒spīrāre 呼吸する／spērō《現在》一単⇒spērāre 希望する

Dum vīvimus, vīvāmus.
（ドゥム ウィーウィムス ウィウァームス）
生きている間に生きよう　While we live, let us live.
vīvimus《現在》一複⇒vīvō, vīvere 生きる／vīvāmus《接続法現在》一複⇒vīvō, vīvere

nunc aut numquam
（ヌンク アウト ヌムクァム）
やるなら今だ，好機逸すべからず　now or never
nunc 副 今／aut 接 そうでなければ／numquam 副 決して…ない

Bis vincit quī sē vincit in victōriā.

勝ったときに自らに勝つ者は二度勝利する（シュルス）
He conquers twice, who conquers himself when he is victorious.
bis 副 二度／vincit《現在》三単⇒vincō, vincere 勝利する／quī《関係》代単主 …する人／sē《再帰》代単対／in 前 …において（＋奪格）／victōriā 女単奪⇒victoria 勝利

Nōn quī parum habet, sed quī plūs cupit pauper est.

少ししか持っていない人ではなく，もっと欲しがる人が貧しいのである（セネカ）
Not who has little, but who wants more, is poor.
nōn... sed... …ではなく…／parum 副 不十分に／habet《現在》三単⇒habeō, habēre 持つ／plūs 副 より多く／cupit《現在》三単⇒cupiō, cupere 熱望する／pauper 形男単主 貧しい

Homō sum. Hūmānī nihil ā mē aliēnum putō.

私は人間である．人間に関わるいかなることも自分に無縁であるとは考えない（テレンティウス） I am a human being; I consider nothing human to be foreign to me.
homō 男単主 人間／hūmānī 中単属⇒hūmānum 人間的なもの／nihil《不変》中 何も…ない（putōの目的語）／ā 前 …から（＋奪格）／mē《人称》代一単奪／aliēnum 形中単対⇒aliēnus 関係のない／ā mē aliēnum 私に関係がない（nihilにかかる）／putō《現在》一単⇒putāre …を…とみなす

Nōn exiguum temporis habēmus, sed multum perdidimus.

我々の持っている時間がわずかなのではなく，我々は多くの時間を無駄にしてしまったのである（セネカ） We don't have a lack of time, but wasted too much of it.
exiguum 中単対⇒exiguum 少量／temporis 中単属⇒tempus 時間／exiguum temporis わずかな時間／habēmus《現在》一複⇒habeō, habēre 持っている／multum 中単対⇒multum 大量／perdidimus《完了》一複⇒perdō, perdere 失う

Fallacēs sunt rērum speciēs.
<small>ファッラケース　スント　レールム　スペキエース</small>

事物の見かけにはだまされやすい（セネカ）　The appearances of things are deceptive.
fallacēs 形女複主⇒fallax 人を欺く／rērum 女複属⇒rēs 物／speciēs 女複主⇒speciēs 外観

Cōgitō ergō sum.
<small>コーギトー　エルゴー　スム</small>

我思う故に我あり（デカルト）　I think, therefore I am.
cōgitō《現在》一単⇒cogitāre 考える／ergō 接 従って

Hypothesēs nōn fingō.
<small>ヒュポテセース　ノーン　フィンゴー</small>

私は仮説を立てない（ニュートン）　I contrive no hypotheses.
hypothesēs 女複対⇒hypothesis 仮説／fingō《現在》一単⇒fingere 作る

Sīc transit glōria mundī.
<small>スィーク　トランスィト　グローリア　ムンディー</small>

この世の栄華はこのように過ぎ去る　Thus passes the glory of the world.
sīc 副 このように／transit《現在》三単⇒transeō, transīre 過ぎ去る／glōria 女単主 栄華／mundī 男単属⇒mundus 世界，地上の世界

Fortūna caeca est.
<small>フォルトゥーナ　カエカ　エスト</small>

運命（の女神）は盲目である　Fortune is blind.
fortūna 女単主 運命（の女神）／caeca 形女単主⇒caecus 盲目の

Nīl sine magnō vīta labōre dedit mortālibus.
<small>ニール　スィネ　マグノー　ウィータ　ラボーレ　デディト　モルターリブス</small>

人生は多大な苦労なくして人間に何かを与えたためしがない（ホラティウス）
Life has given nothing to mortals without great effort.
nīl《不変》中 何も…ない／sine 前 …なしに（＋奪格）／magnō 形男単奪⇒magnus 多量の（labōreにかかる）／vīta 女単主 人生／labōre 男単奪⇒labor 骨折り／dedit《完了》三単⇒dō, dare 与える（主語はvīta）／mortālibus 男複与⇒mortālis 死すべき者，人間

Alter ipse amīcus.
<small>アルテル　イプセ　アミークス</small>

友はもう一人の自分自身である　A friend is another self.
alter 形男単主 もう一つの／ipse《強意》代男単主 自身／amīcus 男単主 友人

Semper avārus eget.
センペル　ア**ウ**ァールス　エゲト

欲張りは常に欠乏している　A greedy man is always in need.
semper 副 いつも／avārus 男単主 欲張り／eget《現在》三単⇒egeō, egēre 足りない

aurea mediocritās
ア**ウ**レア　メディ**オ**クリタース

黄金の中庸（ホラティウス）　the golden mean
aurea 形女単主⇒aureus 黄金の／mediocritās 女単主 中位，適度

Homō prōpōnit, sed Deus dispōnit.
ホモー　プロー**ポ**ーニト　**セ**ド　**デ**ウス　ディス**ポ**ーニト

計画は人にあり，決裁は神にあり　Man proposes, but God disposes.
prōpōnit《現在》三単⇒prōpōnō, prōpōnere もくろむ，企む／sed 接 しかし／Deus 男単主 神／dispōnit《現在》三単⇒dispōnō, dispōnere 管理する，処理する

Fortūna amīcōs parat, inopia amīcōs probat.
フォル**トゥ**ーナ　ア**ミ**ーコース　**パ**ラト　イ**ノ**ピア　ア**ミ**ーコース　**プ**ロバト

順境は友を与え，貧窮は友を試す
Prosperity obtains friends, poverty puts them to the test.
fortūna 女単主 好機／amīcōs 男複対⇒amīcus 友人／parat《現在》三単⇒parō, parāre 提供する／inopia 女単主 貧窮／probat《現在》三単⇒probō, probāre 試す，吟味する

Amīcus Platō, sed magis amīca vēritās.
ア**ミ**ークス　プラ**ト**ー　**セ**ド　**マ**ギス　ア**ミ**ーカ　**ウェ**ーリタース

プラトンは友人であるが，真理の方がもっと友人である（後世にアリストテレスに帰せられた言葉）　Plato is friend, but truth is more friend.
Platō 男主 プラトン（人名）／magis《比較級》副 もっと，さらに／vēritās 女単主 真理

47　愛 の 言 葉

ローマの詩人たちは愛の言葉を数多く残しました．そのいくつかを読んでみましょう．

Ōdī et amō.
オーディー　エト　アモー

憎くて愛しい（カトゥッルス）　I hate and I love.
ōdī《完了》一単 憎む（ōdī は完了形だが，「憎んでいる」という現在の意味を表す）

Mīlitiae speciēs amor est.
ミーリティアエ　スペキエース　アモル　エスト

恋愛は戦いのようだ（オウィディウス）　Love is a kind of warfare.
mīlitiae 女単属 ⇒ mīlitia 戦闘／speciēs 女単主 ⇒ 外観，様子／amor 男単主 恋愛

Crēdula rēs amor est.
クレードゥラ　レース　アモル　エスト

恋とは信じやすいものだ（オウィディウス）　Love is a credulous thing.
crēdula 形女単主 ⇒ crēdulus 信じやすい／rēs 女単主 物

Ōderō sī poterō, sī nōn, invītus amābō.
オーデロー　スィー　ポテロー　スィー　ノーン　インウィートゥス　アマーボー

できることなら憎みたいが，それがかなわないなら心ならずも愛そう（オウィディウス）
I will hate if I can, if not, I will love against my will.
ōderō《未来完了》一単 ⇒ ōdī 憎む（「未来完了」は本書では扱っていないが ōderō は未来の意味を表す）／sī 接 もし…なら／poterō《未来》一単 ⇒ possum, posse …できる／invītus 形男単主 不本意な／amābō《未来》一単 ⇒ amō, amāre 愛する

Nec tēcum possum vīvere, nec sine tē.
ネク　テークム　ポッスム　ウィーウェレ　ネク　スィネ　テー

私はお前と一緒でも，お前なしでも生きられない（マルティアリス）
I can't live with you and I can't live without you.
nec... nec... …でも…でもない／tēcum あなたと一緒に（tē+cum）／vīvere 生きる／sine 前 …なしで（＋奪格）

Crās amet, quī numquam amāvit;

一度も愛したことのない者は明日は愛せ（作者不詳）
Let him love tomorrow who has never loved,
crās 副 明日／amet《接続法現在》三単⇒amō, amāre 愛する／quī《関係》代男単主 …する人／numquam 副 決して…ない／amāvit《完了》三単⇒amō, amāre

quīque amāvit, crās amet.

愛したことのある者も明日愛せ　and let him who has loved love tomorrow.
quīque⇒quī+-que そして…する人は

Nōn amō tē, Sabidī,

サビディウス，私はあなたを愛していない（マルティアリス）
I don't like you, Sabidius,
Sabidī 呼⇒Sabidius サビディウス（男性名）

nec possum dīcere quārē;

またなぜかを言うこともできない　and I can't say why;
nec 接 そして…ない／dīcere 言う／quārē《疑問》副 なぜ

Hoc tantum possum dīcere:

私が言うことができるのはこれだけだ　all I can say is
hoc《指示》代中単対 このこと／tantum 副 ただ…だけ

nōn amō tē!

「私はあなたを愛していない」　I don't like you!

48　旧約聖書の言葉

旧約聖書はユダヤ民族と神との関わりを書いた書物です．そのほとんどがヘブライ語で書かれていますが，ラテン語に訳されて広く読まれました．旧約聖書の有名な文章をラテン語で読んでみましょう．

Vetus Testamentum
（ウェトゥス　テスタメントゥム）

旧約聖書　the Old Testament
vetus 形中単主 古い／testamentum 中単主 （神と人との）契約

Fīat lux.
（フィーアト　ルクス）

光あれ（「創世記」1:3）　Let there be light.
fīat《接続法現在》三単⇒fīō, fierī 起こる，なる／lux 女単主 光

Et creāvit Deus hominem ad imāginem suam.
（エト　クレアーウィト　デウス　ホミネム　アド　イマーギネム　スアム）

神は自分の姿に似せて人間を創造した（「創世記」1:27）
God created man in His own image.
creāvit《完了》三単⇒creō, creāre 創造する／hominem 男単対⇒homō 人間／ad 前 …に従って（＋対格）／imāginem 女単対⇒imāgō 姿

Dominus Deus noster, Dominus ūnus est.
（ドミヌス　デウス　ノステル　ドミヌス　ウーヌス　エスト）

我らの神である主は唯一の主である（「申命記」6:4）The Lord our God is one Lord.
noster《所有》形一複主 私たちの／ūnus 形男単主 唯一の

Timor Dominī principium scientiae.
（ティモル　ドミニー　プリンキピウム　スキエンティアエ）

主を恐れることが知恵の始まりである（「箴言」1:7）
The fear of the Lord is the beginning of knowledge.
timor 男単主 恐れ／dominī 男単属⇒dominus 主／principium 中単主 始まり／scientiae 女単属⇒scientia 知識

Vānitās vānitātum, et omnia vānitās.
<small>ウァーニタース　ウァーニタートゥム　エト　オムニア　ウァーニタース</small>

空の空，すべては空である（「コヘレトの言葉」1:2) Vanity of vanities, all is vanity.
vānitās 女単主 空虚／vānitātum 女複属⇒vānitās／omnia 中複主 すべてのもの

Nihil sub sōle novum.
<small>ニヒル　スブ　ソーレ　ノウム</small>

太陽の下に新しいものはない（「コヘレトの言葉」1:9）
There is nothing new under the sun.
nihil《不変》中 何も…ない／sub 前 …の下に（＋奪格）／sōle 男単奪⇒sōl 太陽／novum 形中単主⇒novus 新しい

Fīlius sapiens laetificat patrem,
<small>フィーリウス　サピエンス　ラエティフィカト　パトレム</small>

賢い息子は父を喜ばす（「箴言」10:1）A wise son makes a father glad,
laetificat《現在》三単⇒laetificō, laetificāre 喜ばせる

fīlius vērō stultus maestitia est mātris suae.
<small>フィーリウス　ウェーロー　ストゥルトゥス　マエスティティア　エスト　マートリス　スアエ</small>

愚かな息子は母の嘆き
but a foolish son is a grief to his mother.
vērō 副 他方／stultus 形男単主 愚かな／maestitia 女単主 悲嘆

Fortis est ut mors dīlectiō.
<small>フォルティス　エスト　ウト　モルス　ディーレクティオー</small>

愛は死のように強い（「雅歌」8:6）　For love is as strong as death.
fortis 形女単主 強い／ut 副 …のように／mors 女単主 死／dīlectiō 女単主 愛

Deus, Deus meus, quārē mē dērelīquistī?
<small>デウス　デウス　メウス　クァーレー　メー　デーレリークィスティー</small>

神よ我が神，なぜ私を見捨てたのか（「詩編」22:2）
My God, my God, why have you forsaken me?
quārē《疑問》副 なぜ／dērelīquistī《完了》二単⇒dērelinquō, dērelinquere 見捨てる

49　新約聖書の言葉

新約聖書はイエス・キリストの生涯や初期キリスト教徒の思想・活動などを描いた書物です．ギリシャ語で書かれていますが，旧約聖書と同様ラテン語に訳されました．新約聖書の有名な文章をラテン語で読んでみましょう．

Novum Testamentum
ノウム　テスタメントゥム

新約聖書　the New Testament
novum 形中単主 新しい／testamentum 中単主 （神と人との）契約

Beātī pauperēs spīritū.
ベアーティー　パウペレース　スピーリトゥー

霊において貧しい者は幸いである（「マタイによる福音書」5:3）
Blessed are the poor in spirit.
beātī 形男複主⇒beātus 幸福な／pauperēs 形男複主⇒pauper 貧しい／spīritū 男単奪⇒spīritus 霊，魂

Dīligēs proximum tuum sīcut tē ipsum.
ディーリゲース　プロクスィムム　トゥウム　スィークト　テー　イプスム

あなたの隣人をあなた自身のように愛せ（「マタイによる福音書」22:39）
You shall love your neighbor as yourself.
dīligēs《未来》二単⇒dīligō, dīligere 愛する／proximum 男単対⇒proximus 隣人／sīcut 副 …のように／tē ipsum 男単対 あなた自身を

Ego sum via et vēritās et vīta.
エゴ　スム　ウィア　エト　ウェーリタース　エト　ウィータ

私は道と真理と命である（「ヨハネによる福音書」14: 6）
I am the way, and the truth, and the life.
via 女単主 道／vēritās 女単主 真理／vīta 女単主 命

Nōn in pāne sōlō vīvet homō, sed in omnī verbō, quod prōcēdit dē ōre Deī.

人はパンだけで生きるものではなく，神の口から出る一つ一つの言葉で生きるものである（「マタイによる福音書」4:4）　Man shall not live on bread alone, but on every word that proceeds out of the mouth of God.

nōn... sed... …ではなく…／in 前 …で（＋奪格）／pāne 男単奪⇒pānis パン／sōlō 形男単奪⇒sōlus …だけ／vīvet《未来》三単⇒vīvō, vīvere 生きる／homō 男単主 人間／omnī 形中単奪⇒omnis それぞれの／verbō 中単奪⇒verbum 言葉／quod《関係》代中単主／prōcēdit《現在》三単⇒prōcēdō, prōcēdere 生ずる／dē 前 …から（＋奪格）／ōre 中単奪⇒ōs 口／Deī 男単属⇒Deus 神

Pater noster, quī es in caelīs,

天にいる私たちの父よ（「マタイによる福音書」6:9）
Our Father who is in heaven,
quī《関係》代男単主／caelīs 中複奪⇒caelum 天

sanctificētur nōmen tuum,

あなたの名前がたたえられますように　Hallowed be Your name.
sanctificētur《受動態接続法現在》三単⇒sanctificō, sanctificāre 聖なるものとしてたたえる／nōmen 中単主 名前

adveniat regnum tuum,

あなたの国が来るように　Your kingdom come.
adveniat《接続法現在》三単⇒adveniō, advenīre 到来する／regnum 中単主 王国

fīat voluntās tua,

あなたの意志が行われるように　Your will be done,
fīat《接続法現在》三単⇒fierī, fīō 起こる，なる／voluntās 女単主 意志

sīcut in caelō, et in terrā.

天におけるように地上でも　on earth, as it is in heaven.
sīcut 副 …のように／caelō 中単奪⇒caelum 天／terrā 女単奪⇒terra 地上

50 「アヴェ・マリア」を読む

「アヴェ・マリア」とは「こんにちはマリア」「おめでとうマリア」という意味のラテン語で，この言葉で始まる聖母マリアへの祈りも指しています．この祈りを歌詞にして多くの曲が作られています．

アウェー　マリーア　グラーティアー　プレーナ
Avē Marīa, grātiā plēna,

こんにちは，恵みに満ちたマリア様　Hail Mary, full of grace,
avē 間 こんにちは／ Marīa 女主 マリア（イエスの母）／ grātiā 女単奪 ⇒ grātia 恵み／ plēna 形女単主 ⇒ plēnus …に満ちた（＋奪格）

ドミヌス　テークム
Dominus tēcum,

主はあなたとともにいらっしゃいます　the Lord is with thee;
dominus 男単主 主／ tēcum あなたと一緒に

ベネディクタ　トゥー　イン　ムリエリブス
benedicta tū in mulieribus

あなたは女性の中で祝福され　blessed art thou amongst women,
benedicta《完了分詞》女単主 ⇒ benedictus 祝福された／ mulieribus 女複奪 ⇒ mulier 女

エト　ベネディクトゥス　フルクトゥス　ウェントリス　トゥイー　イェースース
et benedictus fructus ventris tuī Jēsūs!

そしてあなたの腹から生まれたイエスも祝福されています
and blessed is the fruit of thy womb, Jesus.
fructus 男単主 果実／ ventris 男単属 ⇒ venter 腹

サンクタ　マリーア　マーテル　ディー
Sancta Marīa, Māter Deī,

聖マリア，神の母　Holy Mary, Mother of God,
sancta 形女単主 ⇒ sanctus 聖なる／ māter 女単主 母／ Deī 男単属 ⇒ Deus 神

オーラー　プロー　ノービース　　　ペッカートーリブス
Ōrā prō nōbīs peccātōribus,

罪人である私たちのために祈ってください　pray for us sinners,
ōrā《命令》二単⇒ōrō, orāre 祈る／prō 前…のために（＋奪格）／nōbīs《人称》代二複奪⇒nōs 私たち／peccātōribus 男複奪⇒peccātor 罪人

ヌンク　エト　イン　ホラー　モルティス　ノストラエ
nunc et in horā mortis nostrae.

今と私たちが死ぬ時に　now and at the hour of our death.
nunc 副 今／horā 女単奪⇒hora 時／mortis 女単属⇒mors 死

アーメーン
Āmēn.

アーメン　Amen.
āmēn 間 アーメン（「かくあれかし」の意味）

ラテン語歌詞の発音について

本書での発音表記は古代ローマ時代の発音に基づいていますが，今日ラテン語の歌が歌われるときの発音はそれとは少し異なっており，ヨーロッパ各国でそれぞれの言語の発音に影響を受けた発音が用いられています．例えば，イタリアではイタリア語風の発音で，ドイツではドイツ語風の発音でラテン語の歌が歌われます．イタリア語風発音とドイツ語風発音の特徴をいくつか紹介します．

綴り	古代ローマ風	イタリア語風	ドイツ語風
ce, ci	ケ, キ	チェ, チ	ツェ, ツィ
sce, sci	スケ, スキ	シェ, シ	スツェ, スツィ
ge, gi	ゲ, ギ	ヂェ, ヂ	ゲ, ギ
h	ホ	発音しない	ホ
母音＋s＋母音	ス	ズ	ズ
qu	クゥ	クゥ	クヴ

93

51 「レクイエム」を読む

「レクイエム」とは死者のためのミサと，そのミサで用いられる聖歌のことを指します．「レクイエム」はもともとは「休息を」という意味のラテン語で，歌詞の冒頭の語です．「レクイエム」は複数の曲目から構成されています．その一番初めの入祭唱（Introitus）を読んでみましょう．

レクィエム　　　アエテルナム　　ドーナー　エイース　　ドミネ
Requiem aeternam dōnā eīs, Domine,

主よ，永遠の休息を彼ら（死者）にお与えください
Grant them eternal rest, O Lord,
requiem 女単対 ⇒ requiēs 休息／aeternam 形女単対 ⇒ aeternus 永遠の／dōnā《命令》二単 ⇒ dōnō, dōnāre 与える／eīs（人称）代男複与 ⇒ eī 彼ら／domine 男単呼 ⇒ dominus 主

エト　ルクス　　ペルペトゥア　　ルーケアト　エイース
et lux perpetua lūceat eīs.

そして永遠の光が彼らを照らしますように　　and let perpetual light shine upon them.
lux 女単主 光／perpetua 形女単主 ⇒ perpetuus 永遠の／lūceat《接続法現在》三単 ⇒ lūceō, lūcēre 照らす

テー　デケト　　ヒュムヌス　　デウス　イン スィーオン
Tē decet hymnus, Deus, in Sīon,

神よ，あなたにはシオンでの賛美歌がふさわしい
A hymn becomes you, O God, in Zion,
decet《現在》三単 …にふさわしい（＋対格）／hymnus 男単主 賛美歌／Sīon《不変》シオン（神殿があるエルサレムの丘）

エト　ティビ　レッデートゥル　ウォートゥム　イン　　イェルサレム
et tibi reddētur vōtum in Jerusalem.

そしてエルサレムではあなたに対して誓いが果たされるでしょう
and to you shall a vow be repaid in Jerusalem.
reddētur《受動態未来》三単 ⇒ reddō, reddere 果たす／vōtum 中単主 誓約／Jerusalem《不変》エルサレム

エクサウディー　オーラーティオーネム　メアム
Exaudī ōrātiōnem meam,

私の祈りをお聞き届けください　　Hear my prayer,
exaudī《命令》二単⇒exaudiō, exaudīre 聞き入れる／ōrātiōnem 女単対⇒ōrātiō 祈り

アド　テー　オムニス　カロー　ウェニエト
ad tē omnis carō veniet,

あなたのもとにすべての肉体が来ます　　to you shall all flesh come.
ad 前…の方に（＋対格）／omnis 形女単主⇒すべての／carō 女単主 肉体／veniet《未来》三単⇒veniō, venīre 来る

レクィエム　アエテルナム　ドーナー　エイース　ドミネ
Requiem aeternam dōnā eīs, Domine,

主よ，永遠の休息を彼らにお与えください
Eternal rest grant unto them, O Lord,

エト　ルクス　ペルペトゥア　ルーケアト　エイース
et lux perpetua lūceat eīs.

そして永遠の光が彼らを照らしますように　　and let perpetual light shine upon them.

52 ミサ曲「グローリア」を読む

ミサ曲とはカトリック教会のミサで歌われる歌曲のことで，歌詞はラテン語で書かれています．ミサ曲は5曲からなり，「グローリア」（Gloria）はそのうちの2番目の曲です．「グローリア」を読んでみましょう．

Glōria in excelsīs Deō
（グローリア イン エクス**ケル**スィース **デ**オー）

いと高きところには神に栄光あれ　Glory to God in the highest,
glōria 女単主 栄光／ in 前 …で（＋奪格）／ excelsīs 中複奪⇒excelsum 高いところ／ Deō 男単与⇒Deus 神

et in terrā pax hominibus bonae voluntātis.
（エト イン **テッ**ラー **パ**クス ホ**ミ**ニブス **ボ**ナエ ウォルン**ター**ティス）

そして地には善意の人々に平和あれ　and on earth peace to men of good will.
terrā 女単奪⇒terra 地上／ pax 女単主 平和／ hominibus 男複与⇒homō 人／ bonae 形女複属⇒bonus よい／ voluntātis 女単属⇒voluntās 意志

Laudāmus tē, _____
（ラウ**ダー**ムス **テー**）

私たちはあなたを賛美する　We praise you,
laudāmus《現在》一複⇒ laudō, laudāre ほめる，賞賛する／ tē《人称》代二単対 あなたを

benedīcimus tē, _____
（ベネ**ディー**キムス **テー**）

私たちはあなたを祝福する　we bless you,
benedīcimus《現在》一複⇒benedīcō, benedīcere 祝福する

adōrāmus tē, _____
（アドー**ラー**ムス **テー**）

私たちはあなたをあがめる　we adore you,
adōrāmus《現在》一複⇒adōrō, adōrāre 崇拝する

glōrificāmus tē, _____
（グローリフィ**カー**ムス **テー**）

私たちはあなたの栄光をたたえる　we glorify you,
glōrificāmus《現在》一複⇒ glōrificō, glōrificāre …の栄光をたたえる

grātiās agimus tibi
グラーティアース　アギムス　ティビ

私たちはあなたに感謝する　we give you thanks
grātiās 女複対⇒grātia 感謝／agimus《現在》一複⇒agō, agere 行う／grātiās agere 感謝する／tibi《人称》代二単与 あなたに

propter magnam glōriam tuam,
プロプテル　マグナム　グローリアム　トゥアム

あなたの大いなる栄光の故に　for your great glory,
propter 前…の故に（＋対格）／magnam 形女単対⇒magnus 大きい／glōriam 女単対⇒glōria 栄光／tuam《所有》形女単対⇒tuus あなたの

Domine Deus, Rēx caelestis,
ドミネ　デウス　レークス　カエレスティス

主なる神よ，天の王よ　Lord God, heavenly King,
domine 男単呼⇒dominus 主／Deus 男単呼 神／rēx 男単呼 王／caelestis 形単呼 天の

Deus Pater omnipotens.
デウス　パテル　オムニポテンス

全能の父なる神よ　O God, almighty Father.
pater 男単呼 父／omnipotens 形男単呼 全能の

Domine Fīlī unigenite, Jēsū Christe,
ドミネ　フィーリー　ウニゲニテ　イェースー　クリステ

一人子なる主よ，イエス・キリストよ　Lord Jesus Christ, Only Begotten Son,
fīlī 男単呼⇒fīlius 息子／unigenite 形男単呼⇒unigentus 一人子の／Jēsū Christe 呼⇒Jēsūs Christus イエス・キリスト

Domine Deus, Agnus Deī, Fīlius Patris,
ドミネ　デウス　アグヌス　ディー　フィーリウス　パトリス

主なる神よ，神の子羊，父の子　Lord God, Lamb of God, Son of the Father,
agnus 男単主 子羊／Deī 男単属⇒Deus 神／patris 男単属⇒pater 父

quī tollis peccāta mundī,
<small>クィー　トッリス　ペッカータ　ムンディー</small>

この世の罪を取り除くお方よ　who take away the sins of the world,
quī《関係》代男単主／ tollis《現在》二単⇒tollō, tollere 取り除く／ peccāta 中複対⇒ peccātum 罪／ mundī 男単属⇒ mundus この世

miserēre nōbīs;
<small>ミセレーレ　ノービース</small>

私たちを憐れんでください　have mercy on us;
miserēre《命令》二単⇒ misereor, miserērī 憐れむ／ nōbīs《人称》代一複与⇒nōs 私たち

quī tollis peccāta mundī,
<small>クィー　トッリス　ペッカータ　ムンディー</small>

この世の罪を取り除くお方よ　who take away the sins of the world,

suscipe dēprecātiōnem nostram.
<small>ススキペ　デープレカーティオーネム　ノストラム</small>

私たちの祈りをお聞き入れください　hear our prayer.
suscipe《命令》二単⇒suscipiō, suscipere 受け入れる／ dēprecātiōnem 女単対⇒ dēprecātiō 哀願／ nostram《所有》形女単対⇒noster 私たちの

Quī sedēs ad dexteram Patris,
<small>クィー　セデース　アド　デクステラム　パトリス</small>

父の右側に座っているお方よ
You who sit at the right hand of the Father,
sedēs《現在》二単⇒sedeō, sedēre 座っている／ ad 前 …に（＋対格）／ dextram 女単対⇒ dextra 右側／ patris 男単属⇒ pater 父

miserēre nōbīs.
<small>ミセレーレ　ノービース</small>

私たちを憐れんでください　have mercy on us.

Quoniam tū sōlus sanctus,

なぜならあなただけが神聖だからです　For you alone are the Holy One,
quoniam 接…だから／sōlus 形男単主 単独の／sanctus 形男単主 神聖な

tū sōlus Dominus,

主はあなただけです　you alone are the Lord,

tū sōlus altissimus,

いと高き方はあなただけです　you alone are the Most High,
altissimus《最上級》形男単主 ⇒ altus 高い，崇高な

Jēsū Christe,

イエス・キリストよ　Jesus Christ,

Cum Sanctō Spīritū,

聖霊とともに　with the Holy Spirit,
cum 前…と一緒に（＋奪格）／Sanctō Spīritū 男単奪 ⇒ Sanctus Spīritus 聖霊

in glōriā Deī Patris.

父なる神の栄光につつまれて　in the glory of God the Father.
in 前…の中に（＋奪格）／glōriā 女単奪 ⇒ glōria 栄光

Āmēn.

アーメン　Amen.

53 「マグニフィカト」を読む

「マグニフィカト」(Magnificat)は神をたたえるキリスト教聖歌です．歌詞はラテン語訳「ルカによる福音書」の1章47節から55節の，イエスを身ごもったマリアの賛歌によっています．「マグニフィカト」という題名は歌詞の冒頭のラテン語に由来します．

Magnificat anima mea Dominum,
（マグニフィカト アニマ メア ドミヌム）

私の魂は主をあがめ　My soul exalts the Lord,
magnificat《現在》三単⇒magnificō, magnificāre 賛美する／ anima 女単主 精神，心

et exsultāvit spīritus meus in Deō salvātōre meō,
（エト エクッスルターウィト スピーリトゥス メウス イン デオー サルウァートーレ メオー）

私の霊は私の救い主の神に喜びました
And my spirit has rejoiced in God my Savior.
exsultāvit《完了》三単⇒exsultō, exsultāre 喜ぶ／ spīritus 男単主 霊／ salvātōre 男単奪⇒salvātor 救い主

quia respexit humilitātem ancillae suae.
（クィア レスペクスィト フミリターテム アンキッラエ スアエ）

なぜなら神は彼の卑しいはしために目をとめてくれたからです
For He has had regard for the humble state of His bondslave;
quia 接 なぜなら／ respexit《完了》三単⇒respiciō, respicere 振り返る／ humilitātem 女単対⇒humilitās 身分の低さ／ ancillae 女単属⇒ancilla 女中

Ecce enim ex hōc beātam mē dīcent
（エッケ エニム エクス ホーク ベアータム メー ディーケント）

今から後，私を幸福と言うでしょう　For behold, from this time on
ecce 間 ほら，見よ／ enim 接 なぜなら／ ex 前 …以来（＋奪格）／ hōc《指示》代中単奪⇒hic これ／ ex hōc この後／ beātam 形女単対⇒beātus 幸福な／ dīcent《未来》三複⇒dīcō, dīcere …を…と呼ぶ

100

omnēs generātiōnēs,

代々の人たちが　all generations will count me blessed.
omnēs 形女複主⇒omnis すべての／generātiōnēs 女複主⇒generātiō 世代

quia fēcit mihi magna, quī potens est,

力のある方が私に大いなることをしてくださったからです
For the Mighty One has done great things for me;
fēcit《完了》三単⇒faciō, facere する／magna 形中複対⇒magnus 大いなる／quī《関係》代男単主…する人／potens 形男単主 強力な

et sanctum nōmen ejus,

その名前は神聖で　And holy is His name.
sanctum 形中単主 神聖な／nōmen 中単主 名前／ejus《人称》代三単属⇒is 彼

et misericordia ejus in prōgeniēs et prōgeniēs

その憐れみは子々孫々にいたるまで
And His mercy is upon generation after generation
misericordia 女単主 憐れみ／prōgeniēs 女複対⇒prōgeniēs 子孫

timentibus eum.

主を恐れる者に及びます　Toward those who fear Him.
timentibus《現在分詞》男複与⇒timeō, timēre 恐れる／eum《人称》代三単対 彼を

Fēcit potentiam in brāchiō suō,

主はその腕で力を振るい　He has done mighty deeds with His arm;
potentiam 女単対⇒potentia 力／brāchiō 中単奪⇒brāchium 腕

dispersit superbōs mente cordis suī;
<small>ディスペルスィト　スペルボース　メンテ　コルディス　スイー</small>

心の考えが奢った者を追い散らした
He has scattered those who were proud in the thoughts of their heart.
dispersit《完了》三単⇒dispergō, dispergere 追い散らす／ superbōs 形男複対⇒superbus 傲慢な／ mente 女単奪⇒mens 考え／ cordis 中単属⇒cor 心

dēposuit potentēs dē sēdē
<small>デーポスイト　ポテンテース　デー　セーデー</small>

権力者をその座から降ろし　He has brought down rulers from their thrones,
dēposuit《完了》三単⇒dēpōnō, dēpōnere 下に置く，下ろす／ potentēs 形男複対⇒potens 権力のある／ dē 前…から（＋奪格）／ sēdē 女単奪⇒sēdēs 座席

et exaltāvit humilēs;
<small>エト　エクサルターウィト　フミレース</small>

そして身分の低い者を高く上げた　And has exalted those who were humble.
exaltāvit《完了》三単⇒exaltō, exaltāre 高める／ humilēs 形男複対⇒humilis 身分の低い

ēsurientēs implēvit bonīs
<small>エースリエンテース　インプレーウィト　ボニース</small>

飢えた人たちをよいもので満たし　He has filled the hungry with good things;
ēsurientēs《現在分詞》男複対⇒ēsuriō, ēsurīre 飢えている／ implēvit《完了》三単⇒impleō, implēre …を…で満たす（＋奪格）／ bonīs 中複対⇒bonum よいもの

et dīvitēs dīmīsit ināvēs.
<small>エト　ディーウィテース　ディーミースィト　イナーネース</small>

そして金持ちを何も持たずに追い返した
And sent away the rich empty-handed.
dīvitēs 形男複対⇒dīves 金持ちの／ dīmīsit《完了》三単⇒dīmittō, dīmittere 去らせる／ ināvēs 形男複対⇒inānis 手ぶらの

Suscēpit Isrāēl puerum suum,
スス**ケー**ピト　イス**ラー**エール　プ**エ**ルム　ス**ウ**ム

主は僕であるイスラエルを助けた　　He has given help to Israel His servant,
suscēpit《完了》三単⇒suscipiō, suscipere 庇護する／puerum 男単対⇒puer 下僕

recordātus misericordiae,
レコル**ダー**トゥス　ミセリ**コ**ルディアエ

憐れみを覚えていて　　In remembrance of His mercy,
recordātus《完了分詞》男単主⇒recordor, recordārī …を思い出す，覚えている（＋属格）／misericordiae 女単属⇒misericordia 憐れみ

sīcut locūtus est ad patrēs nostrōs,
ス**ィー**クト　ロ**クー**トゥス　エスト　アド　パ**ト**レース　ノスト**ロ**ース

私たちの先祖に言った通り　　As He spoke to our fathers,
sīcut 副 …ように／locūtus《完了分詞》男単主⇒loquor, loquī 話す／ad 前 …に向かって（＋対格）／patrēs 男複対⇒patrēs 先祖

Abrahām et sēminī ejus in saecula.
ア**ブラ**ハーム　エト　**セー**ミニー　**エ**イユス　イン　サ**エ**クラ

アブラハムとその子孫に対して永遠に
To Abraham and his descendants forever.
Abrahām アブラハム（人名）／sēminī 中複与⇒sēmen 子孫／saecula 中複対⇒saeculum 世代，時代／in saecula 永遠に

54 中世の学生歌「ガウデアームス」を読む

「ガウデアームス」は13世紀にイタリアで作られ，ヨーロッパ各国で歌われた学生歌です．歌詞はラテン語で書かれています．「ガウデアームス」とは歌詞の冒頭の語で「楽しもう」という意味です．「人生ははかないのだから楽しもう」という趣旨の歌です．「ガウデアームス」の一部を読んでみましょう．

1

Gaudeāmus igitur,
ガウデアームス　イギトゥル

されば楽しもう　Let us rejoice, therefore,
gaudeāmus《接続法現在》一複⇒gaudeō, gaudēre 楽しむ／igitur 接 従って

Juvenēs dum sumus.
ユウェネース　ドゥム　スムス

私たちが若いうちに　While we are young.
juvenēs 形男複主⇒juvenis 若い／dum 接…する間に／sumus《現在》一複⇒ sum, esse…である

Post jūcundam juventūtem,
ポスト　ユークンダム　ユウェントゥーテム

楽しい青春の後は　After a pleasant youth
post 前…の後に（＋対格）／jūcundam 形女単対⇒jūcundus 楽しい／juventūtem 女単対⇒juventūs 青春

Post molestam senectūtem
ポスト　モレスタム　セネクトゥーテム

悩みの多い老年の後は　After a troubling old age
molestam 形女単対⇒molestus 悩ます／senectūtem 女単対⇒senectūs 老年

Nōs habēbit humus.
ノース　ハベービト　フムス

私たちは大地に帰るのだから　The earth will have us.
nōs《人称》代一複対 私たちを／habēbit《未来》三単⇒habeō, habēre 持つ／humus 女単主 大地

2

Ubi sunt quī ante nōs
ウビ　スント　クィー　アンテ　ノース

今どこにいるのだろうか，私たちより先に　Where are they who, before us,
ubi《疑問》副 どこに／sunt《現在》三複⇒sum, esse …にいる／quī《関係》代男複主 …する人たち／ante 前（時間的）…の前に（＋対格）

In mundō fuēre?
イン　ムンドー　フエーレ

この世にいた人たちは　Were in the world?
in 前 …に（＋奪格）／mundō 男単奪⇒mundus 世界, この世／fuēre《完了》三複⇒sum, esse いる

Vādite ad superōs,
ウァーディテ　アド　スペロース

天国に行け　Go to the heavens
vādite《命令》二複⇒vādō, vādere 行く／ad 前 …の方に／superōs 男複対⇒superī 天国

Transīte in inferōs
トランスィーテ　イン　インフェロース

冥界へ下れ　Cross over into hell
transīte《命令》二複⇒transeō, transīre 渡る／inferōs 男複対⇒inferī 冥界

Hōs sī vīs vidēre.
ホース　スィー　ウィース　ウィデーレ

もし彼らに会いたければ　If you wish to see them.
hōs《指示》代男複対⇒hic この人／vīs《現在》二単⇒volō, velle …したい／vidēre⇒video 会う

3

Vīta nostra brevis est,
ウィータ　ノストラ　ブレウィス　エスト

私たちの一生は短い　Our life is brief,
vīta 女単主 人生／nostra《所有》形女単主⇒noster 私たちの／brevis 形女単主 短い⇒brevis

Brevī fīniētur.
あっという間に終わってしまう　Soon it will end.
brevī 副 短時間に／fīniētur《受動態未来》三単⇒fīnior, fīnīrī 終わる⇒fīniō, fīnīre 終える

Venit mors vēlōciter,
死の来るのは速く　Death comes quickly,
venit《現在》三単⇒veniō, venīre 来る／mors 女単主 死／vēlōciter 副 速やかに

Rapit nōs atrōciter.
私たちを冷酷にさらう　Snatches us cruelly.
rapit《現在》三単⇒rapiō, rapere さらう／atrōciter 副 恐ろしく

Nēminī parcetur.
誰にも容赦はない　To nobody shall it be spared.
nēminī 男与⇒nēmō 誰も…ない／parcetur《受動態未来》三単⇒parcō, parcere 容赦する

4

Vīvat acadēmīa!
学びの園よいつまでも　Long live the academy!
vīvat《接続法現在》三単⇒vīvō, vīvere 生きる，永続する／acadēmīa 女単主⇒学園

Vīvant professōrēs!
教授たちよいつまでも　Long live the professors!
vīvant《接続法現在》三複⇒vīvō, vīvere ／professōrēs 男複主⇒professor 教授

Vīvat membrum quodlibet;

どの者もいつまでも　Long live each student;
membrum 中単主 一員／quodlibet 形中単主⇒quīlibet どの…でも

Vīvant membra quaelibet;
（ウィーウァント メンブラ クァエリベト）

みんないつまでも　Long live the whole fraternity;
membra 中複主⇒membrum 一員／quaelibet 形中複主⇒quīlibet どの…でも

Semper sint in flōrēs.
（センペル スィント イン フローレース）

とこしえに栄えあれ　For ever may they flourish!
semper 副 いつも／sint《接続法現在》三複⇒sum, esse…である／flōrēs 女複対⇒flōs 花, 盛り

ラテン語索引

この索引は本書に出てきたラテン語の単語をアルファベット順に並べたものです。ただし、動詞や名詞などの変化形と固有名詞は除いています。

A

ā …から（＋奪格）
ab …から（＋奪格）
absēns 不在の
absurdus 不合理な
acadēmīa 女 学園
ad …の方に，…に従って（＋対格）
addō 付け加える
admīror 驚く
adōrō 崇拝する，あがめる
adulēscēns 若い
adveniō 到来する
advocātus 男 代弁者
aedificō 建設する
aestās 女 夏
aetās 女 歳月
aeternus 永遠の
aeternitās 女 永遠
aggravō 悪化させる
agnus 男 子羊
agō 行う
ālea 女 さいころ
algeō 凍える，無視される
aliēnus 関係のない
altē 高く
alter もう一つの
altum 中 高み
altus 高い
āmēn アーメン
amīca 女 女友達
amīcus 男 友人
amō 愛する
amor 男 愛
ancilla 女 女中
anima 女 精神，心
animus 男 心
annus 男 年
ante （時間的）…の前に（＋対格）
aperiō 開ける
apis 女 蜜蜂
apud …のもとに（＋対格）
aqua 女 水
aquila 女 鷲
arbor 女 樹木
arma 中複 武器
ars 女 芸術，技術
asper 困難な
astrum 中 星
atque さらに
atrōciter 恐ろしく

audiō 聞く
aureus 黄金の
auris 女 耳
aurum 中 黄金
aut あるいは，そうでなければ
avārus 男 欲張り
avē こんにちは

B

barba 女 ひげ
beātus 幸福な
bellum 中 戦争
bene よく
benedīcō 祝福する
bibō 飲む，飲酒する
bis 二度
bonum 中 善，益
bonus[1] よい
bonus[2] 男 善人
bōs 男，女 牛
brāchium 中 腕
brevis 短い，簡潔な，短時間の
brevitās 女 短さ

C

caecus 盲目の
caelestis 天の
caelum 中 天，空
calamus 男 ペン
canis 男 犬
canticum 中 歌
cantō 歌う
capiō 捕まえる
caput 中 頭
cāritās 女 愛
carō 女 肉体
carpō 摘む
castīgō 罰する
cāsus 男 出来事，機会
cathedra 女 （教師の）椅子
causa 女 原因，目的
caveō 警戒する，用心する
cēdō 譲歩する，屈服する
celer 速い
cēlō 隠す
cernō 見分ける
certus 確かな
chīrūrgia 女 外科医術
circā …の周りに，…ころ（＋対格）
circēnsēs 男複 闘技場で行われた各種見世物
citō すぐに，速く
cīvis 男 市民
clāmō 叫ぶ
cōgitō 考える
cognōscō 知る
color 男 色
committō 委ねる

condō 創設する
cōnficiō 終える
cōnfiteor 告白する
contrā …に対して，反して（＋対格）
cōpia 女 豊富
cor 中 心，心臓
cōram …の面前で（＋奪格）
corpus 中 身体，肉体
crās 明日
creātiō 女 創造
crēdō 信じる
crēdulus 信じやすい
creō 創造する
crēscō 成長する
crucifīgō 十字架につける
crux 女 十字架
culpa 女 過ち
cum …とともに，…と一緒に（＋奪格）
cupiō 熱望する
cūr なぜ
cūrō 治療する
curriculum 中 人生行路
custōdiō 見張る
custōs 男 見張り人

D

dē …から；…について（＋奪格）
dea 女 女神
deceō …にふさわしい（＋対格）
deinde それから
dēleō 破壊する
dēns 男 歯
dēpōnō 下に置く，下ろす
dēprecātiō 女 哀願
dērelinquō 見捨てる
dēsertum 中 荒れ野
deus 男 神
dextra 女 右側
diabolus 男 悪魔
dīcō 言う
diēs 男(女) 日
difficile …しがたい
difficilis 難しい，困難な
digitus 男 指
dīlēctiō 女 愛
dīlēctus 愛する，愛しい
dīligō 愛する
dīmittō 去らせる，放免する
discipulus 男 生徒，弟子
discō 学ぶ
dispergō 追い散らす
dispōnō 管理する，処理する
dīves 金持ちの
dīvidō 分割する
dō 与える
doceō 教える
doctor 男 博士
dolor 男 痛み

dolōrōsus 悲しみに満ちた
dominus 男 主人，主
domus 女 家
dōnō 与える
dōnum 中 贈り物
dormiō 眠る
dubium 中 疑い
dūcō 導く
dulcis 甘い，好ましい
dum …する間に，…である限り
duo 二（つの）

E

ē …から，…によって（＋奪格）
ecce ほら，見よ
edax …を食い尽くす（＋属格）
egeō 足りない
ego 私
ēligō 選ぶ
emptor 男 買い手
enim なぜなら，確かに
eō 行く
epistula 女 手紙
equus 男 馬
ergō 従って
errō 間違える
ēsuriō 飢えている
et …と…，…も，しかし同時に
eurus 男 東風
ex …から，…以来（＋奪格）
exaltō 高める
exaudiō 聞き入れる
excelsum 中 高いところ
excūsō 許す
exemplum 中 例
exiguum 中 少量
experientia 女 経験
exsultō 喜ぶ

F

faber 男 職人
fābula 女 劇，芝居，物語
facilis 簡単な
faciō 作る，する，…を…にする
factum 中 事実
fallax 人を欺く
fāma 女 噂
familia 女 家族
fātum 中 運命
fēlix 幸福な
fēmina 女 女
ferō 運ぶ
festīnō 急ぐ
fidēs 女 信頼
fīlia 女 娘
fīlius 男 息子
fingō 作る
fīniō 終える

finis 男 終わり
fīō 起こる，なる
flamma 女 炎
flōs 男 花，盛り
fluctuō ゆらゆら揺れる
folium 中 葉
forma 女 形
fortis 強い
fortiter 強く
fortūna 女 運命，好機
frāter 男 兄弟
fructus 男 果実
fugiō 逃げる
furor 男 狂乱
futūrum 中 未来

G

gaudeō 楽しむ
generātiō 女 世代
genius 男 守護霊
genus 中 種類
gladius 男 剣
glōria 女 栄華，栄光
glōrificō …の栄光をたたえる
grānum 中 粒子
grātia 女 恵み，感謝
gravis 重い

H

habeō 持つ，持っている
hic, haec, hoc これ，この
hinc ここから
historia 女 歴史
homō 男 人，人間
honor 男 名誉
honōrō 敬う
hora 女 時，1時間
hortus 男 庭
hūc ここへ
hūmānus[1] 人間的な
hūmānus[2] 男 人間
humilis 身分の低い
humilitās 女 身分の低さ
humus 女 大地
hymnus 男 賛美歌
hypothesis 女 仮説

I

igitur 従って
ignis 男 火
ignōrantia 女 無知
ille, illa, illud あれ，あの，かの
illūminātiō 女 照らすこと，照明
imāgō 女 姿
imperium 中 帝国
imperō …を支配する（＋与格）
impleō 満たす
in …の中に，…に向かって（＋対格）；…

の中で，…において（＋奪格）
inānēs 手ぶらの
inexpertus 未経験の
inferī 男複 冥界
infīnītum 中 無限
initium 中 始まり
inopia 女 貧窮
inops 貧乏な
inter …の間に（＋対格）
intrō 入る
inveniō 見つける，発見する
invītus 不本意な
ipse, ipsa, ipsum 自身
īra 女 怒り
īrātus 怒った
is, ea, id 彼，彼女，それ
iste, ista, istud それ，その

J

jaciō 投げる
jocus 男 冗談
jūcundus 楽しい
jūs 中 法律
justitia 女 正義
justus 正当な
juvenis 若い
juventūs 女 青春
juxtā …に接して（＋対格）

K

Kalendae 女複 月の第一日
Kyrie 主よ

L

labor 男 骨折り
labōrō 働く，努力する
lac 女 乳
lacrima 女 涙
laetificō 喜ばせる
lapsus 男 滑ること
laudō ほめる，賞賛する
lentē ゆっくり
levis 軽い
lex 女 法律
liber 男 本，書物
līberō 自由にする
libitus 男 気まぐれ
lingua 女 舌，言語
littera 女 文字
locus 男 場所
longus 長い
loquor 話す
lūceō 照らす
lūdō 遊ぶ
lūgeō 悲しむ，嘆く
lūna 女 （天体）月
lupus 男 狼
lux 女 光

M

- māchina 女機械
- maestitia 女悲嘆
- magis もっと, さらに
- magister 男かしら, 教師
- magnus 大きい, 多量の
- major より大きな
- malum 中悪
- malus 悪い
- maneō とどまる
- mare 中海
- māter 女母
- māteria 女素材, 材料
- maximus 最も大きな
- medicus 男医師
- mediocritās 女中位, 適度
- melior よりよい
- mel 中蜜
- membrum 中一員
- meminī 覚えている
- memoria 女思い出
- mendax 嘘つきの
- mens 女精神, 考え
- mensis 男（暦の）月
- mentior 嘘をつく
- mergō 沈める
- metus 男恐れ
- meus 私の
- mīlitia 女戦闘
- mīlitō 戦う
- mille 千（の）
- minimus 最も小さな
- minor より小さな
- mīrābilis 驚くべき
- misereor …を憐れむ（＋属格）
- misericordia 女憐れみ
- modus 男方法
- molestus 悩ます
- mons 男山
- morior 死ぬ
- mors 女死
- mortālis 男死すべき者, 人間
- mōs 男やり方
- mulier 女女
- multa 中複多くの事柄
- multiplicō 増やす
- multum[1] 中多数, 大量
- multum[2] 大いに, 非常に
- multus 多い, 多量の
- mundus 男世界, この世
- musca 女蠅
- mūtus 無言の

N

- nascor 生まれる
- nāsus 男鼻
- nātūra 女自然, 性質
- nāvis 女船
- nec そして…ない
- nec… nec… …でも…でもない
- nēmō 男誰も…ない
- nesciō 知らない
- nihil 中何も…ない
- nihilum 中無
- nīl 中何も…ない
- niteō 輝く
- nōlō 欲しない
- nōmen 中名前
- nōn …ない, …でない
- nondum まだ…ない
- noscō 知る
- noster 私たちの
- novus 新しい
- nox 女夜
- nūbēs 女雲
- numerus 男数
- numquam 決して…ない
- nunc 今

O

- oboediens 従順な
- obscūrus 曖昧な
- obtineō 維持する
- occidō 殺す
- oculus 男目
- ōdī 憎む
- omnipotens 全能の
- omnis すべての, それぞれの, 全体の
- oppidum 中町
- optimus 最もよい
- opus 中作品, 技量, 仕事, 苦労
- ōrātiō 女祈り
- orbis 男全世界
- ōrō 祈る
- ōs 中口
- os 男骨
- ovis 女羊
- ōvum 中卵

P

- pactum 中協定
- pānis 男パン
- pāpa 男教皇
- pār 男同等の人
- parcō 容赦する
- parentēs 男複両親
- parō 提供する
- pars 女部分
- parum 不十分に
- parvus 小さい
- pastor 男羊飼い
- pater 男父親
- patrēs 男複先祖
- patria 女祖国
- paucus 少ない
- pauper 貧しい
- pax 女平和
- peccātor 男（宗教上の）罪人
- peccātum 中過ち, 罪
- pejor より悪い
- pendō つるされる
- per …を通って；…によって（＋対格）
- perdō 失う, 破滅させる
- perjūrium 中偽りの誓い
- perpetuus 永遠の
- pessimus 最も悪い
- pēs 男足
- petō 求める
- philosophia 女哲学
- philosophus 男哲学者
- plaudō 拍手喝采する
- plēnus …に満ちた（＋奪格）
- plūra 中複多数
- plūrēs より多くの
- plūrimus 最も多くの
- plūs より多く
- poena 女罰
- poēta 男詩人
- pons 男橋
- populus 男人々, 人民
- porta 女門
- possibilis 可能な
- possum …できる
- post …の後に（＋対格）
- potens 強力な
- potentia 女力
- prīmus 第一の
- principium 中始まり, 初め
- prō …の前に；…のために；…の代わりに（＋奪格）
- probitās 女正直
- probō 試す, 吟味する
- prōcēdō 生ずる
- professor 男教授
- profundum 中深淵
- prōgeniēs 女子孫
- prōpōnō もくろむ, 企む
- propter …の故に（＋対格）
- proximus 男隣人
- pūblicum 中公共の場
- pūblicus 公共の
- puella 女少女
- puer 男少年, 下僕
- pulsō たたく
- pulvis 女塵
- putō …を…とみなす

Q

- quaerō 探す
- quam …よりも
- quandō いつ
- quārē なぜ
- -que …と…

quī, quae, quod 《関係》代 …するところの
quia なぜなら，…ということ
quīlibet どの…でも
quis, quis, quid 誰，何
quisque 各人
quō どこへ
quoniam …だから
quoque …もまた

R

rapiō さらう
recordor …を思い出す（＋属格）
rectus まっすぐな
reddō 果たす
reductiō 女 引き戻すこと
rēgīna 女 女王
regnum 中 王国
regō 支配する
repetitiō 女 繰り返し
requiēs 女 休息
requiescō 休む
rēs 女 物，事実，状況
respiciō 振り返る
reus 男 被告人
rēx 男 王
rīdeō 笑う
Rōmānus ローマの
rosa 女 バラ
rūs 中 田舎

S

sabbatum 中 安息日
sacrificium 中 いけにえ
saeculum 中 世代，時代
sāl 男 塩
salvātor 男 救い主
sanctificō 聖なるものとしてたたえる
sanctus 神聖な，聖なる
sanguis 男 血
sānō 癒やす
sānus 健全な
sapiens[1] 賢い
sapiens[2] 男 賢者
sapientia 女 知恵
Satanās 男 サタン，悪魔
schola 女 学校
scientia 女 知識
sciō 知っている
scrībō 書く
scriptum 中 書かれたもの
scrutō かき混ぜる
sē 自身を
sed しかし
sedeō 座っている
sēdēs 女 座席
sēmen 中 子孫
sēmita 女 道
semper いつも

Senātus 男 元老院
senectūs 女 老年
sequor …に続く，…に続いて起こる
sermō 男 言葉，話
serviō 仕える，服従する
servō 守る
sī もし …なら
sīc このように
sīcut …のように
sileō 沈黙する
silva 女 森
sine …なしで（＋奪格）
sitiō のどが渇いている
situs 男 場所
sōl 男 太陽
sōlus 単独の，…だけ
speciēs 女 外観，様子
spērō 希望する
spēs 女 希望
spīritus 男 霊，魂
spīrō 呼吸する
status 男 状態，状況
stella 女 星
stō 立つ，立っている
studium 中 勉強，学問
stultus[1] 愚かな
stultus[2] 男 愚者
sub …の下へ；…の方へ（＋対格）；…の下で（＋奪格）
subtīlis 薄い，細い
sum …である；いる，ある
superbus 傲慢な
superī 男複 天国
superō 優る
suprā 上を
suscipiō 受け入れる，庇護する
suus 自分の
symposium 中 饗宴

T

taedium 中 退屈，倦怠
tangō 触れる
tantum ただ…だけ
tēcum あなたと一緒に
templum 中 神殿
tempus 中 時間，時
terra 女 大地，地上，土
testamentum 中 （神と人との）契約
theātrum 中 劇場
thermae 女複 温浴場
timeō 恐れる
timor 男 恐れ
toga 女 トガ（ローマ人男性の平時の服）
tollō 取り除く
trahō 引っ張る
transeō 過ぎ去る，渡る
trēs 三（の）
triumphus 男 凱旋

tū あなた
turris 女 塔
tussis 女 咳
tuus あなたの

U

ubi どこに
umbra 女 影，陰
unda 女 波
unde どこから
unigentus 一人子の
ūnum 中 一つ
ūnus[1] 一つの，唯一の
ūnus[2] 男 一人
urbs 女 都市
ūsus 男 経験
ut …のように
uxor 女 妻

V

vādō 行く
valdē 著しく
valeō 健康である，元気である
vānitās 女 空虚
vēlōciter 速やかに
veniō 来る
venter 男 腹
verbum 中 言葉
vērē 本当に
vēritās 女 真実
vērō しかしながら，他方
vester あなた方の
vetō 禁止する
vetus 古い
via 女 道
victōria 女 勝利
videō 見る，会う
vīgintī novem 29
vincō 勝つ，打ち負かす
vīnum 中 ワイン
vir 男 男
virtūs 女 美徳
vīta 女 生命，人生
vitium 中 欠点
vitrum 中 ガラス
vīvō 生きる
vīvum 中 生体
vōbīscum あなた方と一緒に
vocō 呼ぶ，招待する
volō[1] 飛ぶ
volō[2] 欲する
voluntās 女 意志
vōs あなた方
vōtum 中 誓約，願望
vox 女 声

Z

zōna 女 帯

111

本書で引用した著作者名

アウグスティヌス Augustīnus
古代キリスト教神学者（354 － 430）

アッピウス Appius
古代ローマの政治家（前340 － 前273）

ウェルギリウス Vergilius
古代ローマの詩人（前70 － 前19）

オウィディウス Ovidius
古代ローマの詩人（前43 － 後17）

カエサル Caesar
古代ローマの軍人・政治家（前100 － 前44）

カトゥルス Catullus
古代ローマの抒情詩人（前84頃 － 前54頃）

キケロ Cicerō
古代ローマの文筆家・政治家（前106 － 前43）

シュルス Syrus
古代ローマの喜劇作家（紀元前1世紀に活躍）

セネカ Seneca
古代ローマの哲学者・政治家（前1頃 － 後65）

ソクラテス Sōcratēs
古代ギリシャの哲学者（前469頃 － 前399）

テルトゥリアヌス Tertulliānus
カルタゴ生まれのキリスト教神学者（160? － 220?）

テレンティウス Terentius
古代ローマの喜劇詩人（前195/185 － 前159）

デカルト Descartes
フランスの哲学者（1596 － 1650）

ニュートン Newton
イギリスの物理学者，数学者（1642 － 1727）

ハンニバル Hannibal
カルタゴの名将（前247 － 前183/182）

ヒポクラテス Hippocratēs
古代ギリシャの医師（前460頃 － 前370頃）

フランシス・ベーコン Francis Bacon
イギリスの哲学者（1561 － 1626）

プラウトゥス Plautus
古代ローマの喜劇詩人（前254 － 前184）

プリニウス Plīnius
古代ローマの博物学者（23 － 79）

ホッブズ Hobbes
イギリスの哲学者（1588 － 1679）

ホラティウス Horātius
古代ローマの詩人（前65 － 前8）

マルティアリス Martiālis
古代ローマの風刺詩人（40? － 102?）

ユウェナリス Juvenālis
古代ローマの風刺詩人（60頃 － 130頃）

リウィウス Līvius
古代ローマの歴史家（前59頃 － 後17）

ルクレティウス Lucrētius
古代ローマの哲学詩人（前99頃 － 前55）

ラテン語練習プリント

2016年9月20日　初版第1刷発行
2024年3月10日　　　第2刷発行

監修　　河島思朗
編集　　小学館辞書編集部
発行者　吉田兼一
発行所　株式会社 小学館
　　　　〒101-8001 東京都千代田区一ツ橋2-3-1
　　　　電話 編集：03-3230-5170
　　　　　　 販売：03-5281-3555
印刷所　萩原印刷株式会社
製本所　株式会社 若林製本工場

©Shogakukan 2016　　Printed in Japan
ISBN978-4-09-837750-3

造本には十分注意しておりますが、印刷、製本など製造上の不備がございましたら「制作局コールセンター」（フリーダイヤル0120-336-340）にご連絡ください。
（電話受付は、土・日・祝休日を除く9:30 ～ 17:30）

本書の無断での複写（コピー）、上演、放送等の二次利用、翻案等は、著作権法上の例外を除き禁じられています。

本書の電子データ化などの無断複製は著作権法上の例外を除き禁じられています。代行業者等の第三者による本書の電子的複製も認められておりません．

Scripture quotations taken from
the New American Standard Bible® (NASB),
Copyright © 1960, 1962, 1963, 1968, 1971, 1972,
1973, 1975, 1977, 1995 by The Lockman Foundation
Used by permission. www.Lockman.org

カバーイラスト──原 裕菜
ブックデザイン──堀渕伸治◎tee graphics
本文組版────tee graphics

小学館の辞書公式ウェブサイト
『ことばのまど』
https://kotobanomado.jp/